사막의 해우소

미리내수필문학회 11집

도서출판 진실한 사람들

|발간사|

11집을 펴내며

미리내수필문학회가 창립된 지 올해로 13년째다. 2000년 1월 25일 동인지 제1집 《물비늘에 띄운 편지》를 펴낸 후 꾸준히 발간하여 11집에 이르게 되었다. 제1집에 작품을 수록한 작가들이 창립멤버들이었는데 이제는 홀로 남아 십 년이면 강산도 변한다는 말을 실감하고 있다. 한 스승 아래서 문학하는 즐거움과 행복을 나누던 문우들이었는데 꿈을 꾼 것만 같다.

스승님이 타계하신 지 4주년을 맞고 있다. 제자들의 남겨진 몫이라면 스승님의 유지를 받들어 그의 가르침을 잊지 않는 것이리라. 제자들의 마땅한 도리이겠지만 올해는 진정한 마음들을 모아서 그분을 기리기 위한 사업도 시행되리라 본다. 매년 발간하는 미리내수필문학회 동인지가 이 일을 위한 든든한 초석 역할을 하지 않았을까 생각한다.

미리내수필문학회는 스승님이 계셨던 시절과 조금도 변함없이매월 한 번씩 정기적으로 모임이 진행된다. 회원들은 각기 창작한 작품들을 내놓고 서로 합평하며 수준 있는 작품들로 거듭나기 위해 퇴고를 거듭한다. 작품을 합평하는 시간에는 여지없이 날카로운 칼날을 들이댄다. 때로 작은 오해를 유발하기도 하지만 결국은 좋은 작품을 위한 풀무질이라는 것을 깨닫고 오히려 표정들이 밝다. 그렇게 일여 년 동안 퇴고를 거듭한 작품들이 이듬해 연초 쯤에는 한 권의 책으로 탄생하여 독자들에게 선을 뵌다.

올해는 제호를《사막의 해우소》로 정했다. 사막은 우리 인간의 본연의 모습을 한번쯤 뒤돌아보게 하는 기묘한 장소다. 글쓰는 이들의 본연의 자세가 무엇인지 초심으로 돌아가 보자는 의의도 겸하여 갖는다.

좋은 작품을 위해 각고의 노력과 문학에 대한 열정을 다 하는 미리내수필문학회 회원들에게 박수를 보낸다. 이 책이 나오기까지 세심한 배려를 아끼지 않은 도서출판 진실한 사람들에게 감사드린다.

2013년 1월

미리내수필문학회장 **김 주 안**

|차 례|

사막의 해우소

미리내수필문학회 11집

|차 례|

사막의 해우소

미리내수필문학회 11집

송정자

윤태정

김국이

사막의 해우소

미리내수필문학회 11집

3

1

외낙 외 4편

徐 廷 範

참으로 오랜만의 낚시였다. 배를 타고 남한강을 건너는 마음은 무척 가벼웠다.

낚시터에 이르자 노인 한 분이 있었다.

이미 대글대글한 붕어가 여나무 놈이나 낚여 있었다.

두 칸짜리 짧은 대 하나만 쓰고 미끼는 이른바 탄을 쓰고 있었다. 낚시는 한 개만 단 외낙이었다.

짧은 대 하나만 쓰고 탄을 쓰고 외낙을 쓰는 것으로 보아 낚시에는 통달한 분임을 느낄 수가 있었다.

흔히 쌍낙을 쓰는 게 보통인데 외낙을 쓰는 것은 드물다. 내가 외낙을 쓰는 이를 본 것은 나의 낚시 스승이기도 한 원 선생이었다. 그분은 목줄이 한 자나 되는 외낙을 썼다.

외낙으로도 쌍낙을 쓰고 여러 대를 차린 사람보다 언제나 성적은 좋았다.

작고한 원 선생과 낚시를 차린 나는 고기를 낚는 것보다 그 노인에게 시선이 더 갔고 관심이 쏠렸다.

점심을 노인과 함께 나누며 이야기를 들었다.

최 노인은 직장에서 정년으로 물러난 후 건강도 그리 좋은 편이 아니어서 낚시로 소일을 했다. 그의 아내도 낚시를 즐겨서 함께 다녔다.

북한이 고향이라 최 노인은 고향과 가까운 임진강을 자주 다녔다.

처음에는 서울서 다니다가 교통이 불편해서 아예 임진강 주변 어유지리라는 곳으로 집을 얻어 옮겼다.

처음에는 낚시꾼을 가장한 부부간첩이라는 오해도 받았었다.

나도 어유지리 쪽에 낚시를 자주 다닌 편이기 때문에 그쪽 낚시터를 잘 알고 있다.

최 노인이 늦가을 아내와 함께 용못에서 낚시를 하고 있었다. 아내가 갑자기 심장마비를 일으켜 세상을 떠던 것이다.

임진강이 굽어보이고 용못이 잘 내려다 볼 수 있는 곳에 아내를 묻었다. 아내가 죽은 후 최 노인은 낚시를 한 개만 달았다. 낚시의 반려자인 아내를 잃었기 때문에 외낙을 쓰고 싶었던 것이다.

그런데 아내를 묻은 후 낚시터에 앉으면 부인이 옆에 있는 것 같고 다가오는 것 같아 거기서 더 머물 수가 없었다.

다음 해 봄에 북한강 쪽으로 옮겼다. 청평댐의 상류 쪽에 집을 얻어 거기서 2년을 지냈다.

남한강에 온 지는 지난해 봄이다. 최 노인은 낚시는 고기를 낚는다기보다 세월을 낚는 것이라고 했다.

세월이란 그분의 여생을 뜻하기도 하지만 우리는 세상을 살아가면서 많은 시간을 잃고 있다. 그 잃은 시간을 다시 찾는 작업일 수도 있다.

그 후 매주 그 노인이 있는 곳으로 낚시를 갔다.

나의 아내도 최 노인의 말을 듣고 무척 관심을 갖고 낚시 가는 날이면 으레 그 노인의 점심까지 싸 주었다.

나는 낚시를 가서 고기를 낚는 것보다 그 노인을 만나는 것이 더 관심이었다.

하루는 갑자기 소나기가 퍼부어 낚시를 더 할 수가 없었다. 비가 멈출 때까지 자기 집에 가 있자고 했다. 사실 최 노인의 집을 보고 싶었던 차에 잘 됐다고 여겨졌다.

훤칠한 키에 허리가 좀 구부러졌지만 걸음은 건강하다. 낚시터에서 약1km 쯤 떨어져 있는 마을에 초가 한 채를 전세들고 있었다.

방은 하나고 헛간과 부엌이 있는 아주 작은 초가였다.

헛간에는 젖염소가 한 마리 있었고, 닭이 여나무 마리, 뜰에는 개가 한 마리 서성거렸다.

양젖과 기르는 닭에서 낳은 계란이 최 노인의 주요 식품이었다.

최 노인이 부엌으로 나가더니 한참 만에 고구마를 쪄왔다. 갓 캔 고구마라 감칠맛이 난다. 거기에다 조금 전에 짠 염소 젖은 아주 맛이 신선하고 고소했다.

최 노인은 잡은 고기는 이웃에 나누어 주었다. 이웃에선 마늘 · 고추 · 호박 등을 갖다 주었으며 김장 때는 이웃 아주머니들이 김장감을 직접 가져와 담아 준다고 했다.

소나기가 그쳤다. 최 노인네 집을 나오니 남한강에 무지개가 서 있다.

나는 그 무지개 속을 건너오면서 누구의 구속도 받지 않고 자기의 취미를 살리며 이웃 사람들과 정을 나누며 자연과 함께 사는 그 노인의 전원적인 삶이 무척 부럽기까지 했다.

그 후 나는 구라파에 다녀오는 일이 있어 낚시를 못 갔다.

올해에도 최 노인의 소식이 궁금해서 낚시를 가고 싶었었는데 봄을 그냥 넘겼다.

여름 방학이 되자 만사를 제치고 낚싯대를 메고 나섰다.

남한강을 건너며 뱃사공에게 최 노인의 소식을 들었더니 지난 5월에 세상을 뜨셨다는 것이다.

자식들이 와서 장사를 치렀다고 하며 장지는 임진강 근처에 부인의 무덤과 합장해 달라는 유언에 따라 그렇게 했다는 것이다.

나는 그 말을 듣고 가슴이 철렁했다.

내가 구라파에 간다니까 그쪽 찌를 하나 선물받고 싶어했다.

그래서 나는 파리에 갔을 때 낚싯방을 겨우 찾아서 찌를 구해 왔던 것이다.

최 노인의 무덤이 있는 근처의 지리를 내가 조금 알고 있으니 물으면 찾을 수 있을 것이다.

다음 낚시는 임진강변에 있는 용못으로 가야겠다.

새로 두 칸짜리 두 대를 마련해서 새 줄을 매고 쌍낙과 파리에서 사온 찌를 단 낚싯대를 최 노인의 무덤에 묻어주고 싶다. 저승에서는 최 노인의 부부가 나란히 앉아 외낙이 아니라 쌍낙으로 낚시를 할 것이 아니겠는가.

사 과

8 · 15 이후 생겨난 말 가운데 우선 꼽을 수 있는 것은 '3 · 8 따라지' 와 '빨갱이' 를 들 수 있을 것이다. 38선을 넘어 온 사람을 말할 때 '3 · 8 따라지' 라고 했는데 '따라지' 라는 말은 도박에서 한 끗을 뜻하는 말이다.

따라지의 본뜻은 '보잘 것 없이 키와 몸이 작은 사람' 을 가리키는 말에서 '하찮은 사람' 을 가리키게 된 말이다. '3 · 8' 을 합하면 '열하나' 로서 나머지 한 끗, 즉 따라지가 된다.

'빨갱이' 라는 말은 공산주의자를 가리키는데 북한에서는 공산주의자를 빨갱이라 하지 않고 과일의 빛깔에 의해 구분한다. '수박' 은 겉이 푸르다. 겉으로는 공산주의지가 아닌 체하나 속으로는 수박 속과 같이 새빨갛다는 것이다. '사과' 는 겉으로는 공산주의자인 체하지만 속으로는 그렇지 않다는 것이고, '토마토' 는 익으면 속과 겉이 다 붉다는 데서 진짜 빨갱이라는 것이다.

내가 38선과 거의 접하고 있는 해주라는 곳에 있을 때 일이다.

6 · 25 남침이 시작된 지 나흘 후로 기억되는데 내가 근무하는 학교로 전화가 걸려 왔다. 교수를 지내다가 도(道) 장학관으로 있는 이 선생 한테서이다.

내용인즉 귀한 손님이 오셨는데 그 분이 사과를 무척 좋아하는데도 자기로서는 구할 수 없으니 몇 알만 구해 가지고 와서 그 분과 함께 저녁이나 하며 이야기를 나누자는 것이다. 그러면서 여기 오는 것은 아무에게도 말을 하지 말라는 것이었다.

때가 유월 하순이라 아직 풋사과는 안 나오고 묵은 사과를 구해야 되는데 철이 철인만큼 시장에는 없고, 어려운 일이 아닐 수 없다. 몸이 불편하다는 핑계를 대고 좀 일찍 집에 돌아와서 어머님께 부탁을 했더니 수소문해서 열 알을 구해 오셨다.

내가 안악여학교에 있었을 때의 일이다. 졸업식이 끝나고 저녁에 강당에서 사은회가 있었다. 여학생들이 갑자기 정전을 시켜놓고 캄캄해지자 교장을 위시하여 이른바 열성적인 교원과 학생들에게 달려들어 접시와 그릇으로 때리고 부수고 머리채를 잡아당기는 등 일대 수라장이 된 사건이 있었다. 그때 당원이 아닌 내가 선동하지 않았는가 하여 내무서에 여러 번 끌려 다녔다. 공부를 더 하겠다고 사표를 내고 부모님이 계신 해주로 와 있었다.

나중에야 이 사실을 안 이 선생님이 그때는 도 장학관으로서 인사를 담당하고 있었기 때문에 여학교에 복직시켜 주었던 것이다. 도에 있는 나의 인사 카드에 기록되어 있는 '사상성 운운' 의 카드를 없애 버리고 새로 써넣어 주었던 것이다. 그런 관계로 대학의 은사이기도 한 이 선생님과의 각별한 사이였다.

어두워지자 바쁜 걸음으로 이 선생님 댁을 찾았다. 가는 길에 소주 한 병을 샀다. 술과 사과 봉지를 부인에게 맡기고 서재인 이층으로 올라갔다. 일본식 자리방이다. 희미한 백열등 아래 이 선생과 함께 마주 앉은 분이 바로 귀한 손님이라는 것을 알았다.

무척 수척했고 피로해 보였으나 얼굴에서는 단정한 선비라는 인상을 받았다. 이 선생의 소개로 그 분이 월북 작가인 이태준이라는 것을 알고 나는 속으로 놀라지 않을 수 없었다.

이야기를 나누는 동안 그가 이른바 인민군이 해방한 웅진 방면 종군작가로서 취재 차 갔다가 평양으로 돌아가는 길에 들른 것이다. 이 선생과 점심을 함께 나눈 뒤 오후 내내 여기서 죽 쉬고 있었다는 것이다.

이 선생이 서울에서 연전(延專)을 다닐 때 소설을 쓰고자 이태준을 따르며 가르침을 받았다는 것이다. 기회가 있으면 해주를 찾아 달라는 간청이 있어 평양으로 되돌아가는 길에 들른 것이다.

정성껏 차린 저녁을 셋이서 나누었다. 저녁상이 물려지자 술과 사과가 올려졌다. 술이라야 역한 냄새가 나는 카바이트 술이다.

이태준은 사과를 보자 무척 기뻐하며 해주서는 사과를 지금도 살 수 있느냐고 묻는다. 이태준은 술잔만 받아 놓고 아예 입에도 대지 않는다. 나도 술을 못하는 터라 이 선생 혼자만 마셨다. 이태준은 사과를 들면서 참 오래간만에 사과맛을 본다며 무척 흐뭇해하는 표정이었다.

나는 궁금하게 생각하던 몇 가지를 물어 보고 싶은 생각이 들었다. 과연 그가 공산주의가 좋아서 스스로 넘어왔는가를 알고 싶어서다. 말수가 적은 그가 말문을 열어 줄 것인가. 그래서 나는 북한으로 처음 올 때 해주를 거쳐 평양으로 갔었느냐고 엉뚱하게 말문을 돌려봤다.

하루는 아는 젊은이가 찾아와서 지금 평양으로 가면 소련 가는 여행의 기회가 있다고 서둘러 권하는 바람에 여행이나 하고 온다는 기분으로 따라 나섰던 것이 그의 동기였던 것이다.

나는 의외로 솔직하게 말하는데 용기가 나서 그가 소련을 여행하고 돌아와서 쓴 〈소련 기행문〉은 직접 쓴 것이냐고 물었다.

소련으로 여행을 떠나기 전 기행문을 써 달라는 부탁이 있어, 여행을 하면서 적어두었다가 쓴 것은 사실인데 책이 나와 읽어보니 자기 자신도 깜짝 놀랄 정도로 내용이 달라져 있었다는 것이다.

〈농토(農土)〉라는 중편 소설은 이태준이 쓴 것인데 토지개혁을 주제로 하여 공산주의를 찬양한 것이다. 그가 쓴 〈소련 기행문〉 다음으로 발행 부수가 많은 소설이다. 토지개혁을 주제로 한 소설을 쓰라는 지시에 의해 쓰기는 썼는데 여러 번에 걸쳐 검열을 받은 동안 내용이 달라지고 말았다는 것이다. 웅진반도를 다녀온 소감이 어떠냐고 물었더니 "글쎄!" 하며 몹시 침울한 표정을 지으며 입을 다문다.

만약 그가 공산주의자였다면, 6월 28일이면 서울이 침공 당한 날이고 평양방송에서는 서울을 해방시켰다고 잔치 기분으로 떠들썩한 때였다. 서울을 침공했다는 소식이 전해진 날이니까 이태준이 공산주의였다면 몹시 흥분하거나 기분이 좋아져 있을 것이 아닌가.

이태준이 쓴 〈누구를 위해 쓸 것인가〉라는 제목의 수필에서,

'… 혹은 시적(詩的) 작품을 혹은 사실적(事實的) 작품을 이렇게 자기의 기질에 맞는 대로 씀에 간섭을 못할 것이다. 간섭을 한다면 그것은 작가의 기질을 무리로 변조시키는 것이요, 그의 독창성을 막는 것이요, 자연이 그에게만 준 그의 눈과 그의 재질의 사용을 금하는 것이 된다.

모파상의 이 말은 오늘 우리에게도 그대로 독본(讀本)적인 어구이다. 물론 소수의 그 독자(당신 자신의 기질에 맞는 최선의 형식으로 아름다운 것을 지어 달라)는 그 독자를 향하여 우리는 붓을 들 것이다. 그 외의 독자는 천이든 만이든 우리에겐 우상일 것뿐이다.

얼른 생각하면 대중을 무시하는 것 같다. 그러나 무시가 아니요, 우대도 아니다. 정상일 뿐이다. 〈민족을 위해서 합네〉, 〈대중을 위해서 합네〉란 말처럼 대중이 이해하기 쉬운 말은 없다' 라고 했다.

위의 인용한 글에서 보여준 바와 같이 그가 추구하는 문학의 세계는 공산주의자가 될 수 없다는 것을 보여주고도 남음이 있으며 그가 추구하고자 하는 것은 오직 '아름다움' 만이었던 것이다. 그의

수필의 마지막에서, '그러나 기질에 맞지 않은 것을 쓴 작가에게는 기껏해야 상식이요, 개념 정도이다. 종교는 윤리학이기보다는 차라리 미신이기를 주장한다. 문학은 사상이기보다는 차라리 감정이기를 주장해야 할 철학이 아니라 예술의 소이(所以)이다. 감정이란 사상 이전의 사상이다. 이미 상식화된 학문화된 사상은 철학의 것이요, 문학의 것은 아니다' 로 그의 수필은 끝을 맺었다. 그는 문학에서 사상적인 것을 극히 배격한 순수문학의 옹호자였던 것이다.

이태준의 〈복덕방〉, 〈촌뜨기〉 등을 위시하여 그의 단편을 읽어보면 우선 느끼는 것이 작품에 등장된 인물이 모두 따라지 인간들이다. 김유정(金裕貞)의 작품에서도 그런 한 끗짜리 인물들만 등장한 것이다.

다른 점은 이태준의 작품에 나오는 인물들은 모두가 화려한 경력을 지니곤 있지만 모두 전락해서 따라지들이 된 것이다.

이러한 따라지에게 그는 따스한 정감을 불어넣어 주고 있는 것이다.

냉혹한 현실에선 무기력한 그들이지만 세파에 휩쓸려 들어가지 않을뿐더러 괴뢰가 안 되려고 허우적거리는 모습에 웃음과 울음을 자아내게 하고 있다.

이러한 따라지 인물에서 웃음과 울음을 찾아내는 것이 그의 소설에 있어서의 특질이며 그의 감상주의적인 면인 것이다. 지금은 그의 소설에 즐겨 등장시켰던 그와 같은 따라지가 되어 스스로의 작품의 주인공이 된 셈이다.

앞서 든 수필에서 그가 말했듯이 오직 아름다움만이 그의 추구이듯이 그의 소설에서도 정서의 미적 승화를 엿볼 수 있는 무슨 사상이나 날카로운 풍자 같은 것은 찾아볼 수 없고, 문맥에 흐르고 있는 것은 정감인데 이 정감이 독자의 가슴에 흘러들어 그 흐름 속에 웃음과 눈물의 두 줄기가 엇갈리고 있는 것이다.

이러한 문학의 세계는 그가 체질적으로 공산주의자가 될 수 없다는 것을 보여 준다고 할 수 있을 것이다.

공산주의자에게 있어서 눈물과 슬픔 등의 감상적인 것은 용납될 수 없는 것으로, 퇴폐적이며 반동적인 것으로 규탄된다.

지금 그는 시대에 뒤떨어진 이북의 공산주의의 진짜 따라지들에게서 웃음과 눈물 대신 절망과 좌절, 암흑과 질식을 느끼고 있을 것이며 가느다란 실오라기만큼 붙어 있는 목숨에는 스스로의 비애의 눈물로 얼룩져 있을 것이다.

나는 지금도 그가 해주서 만났을 때 희미한 백열등 아래서 사과만 들던 모습이 선하다. 아직 그가 살아 있다면 좋아하는 사과도 마음대로 먹을 수 없을 것이 아닌가.

지금 그가 무엇을 하고 있는지 모르지만 아직도 그 나이에 공장에서 발행되는 신문의 교정원으로 있다면 수척하던 몸이 더 노쇠해서 더 수척했을 것이며 아물거리는 활자를 보느라고 얼마나 눈이 피로할까. 공장 신문의 교정원 자리에서도 쫓겨나서 땅에 파묻혀 있는 쇳조각을 캐내는 일을 하고 있다는 소식도 있다.

겉으로는 그가 공산주의자 같이 보이지만 내가 처음이자 마지막으로 본 이태준은 '사과' 였던 것이다. 사과는 겉은 붉지만 속살은 희다. 그때 이태준은 껍질이 빨간 사과를 먹었다. 나중에는 껍질을 벗기지 말라고 하더니 그냥 껍질 채 먹는 것이었다. 그때 그는 사과를 먹는 게 아니고 자기 자신을 먹고 있었던 것이다.

김 치

사랑이 모나더냐 둥글더냐 쓰더냐 달더냐 길더냐 짧더냐 하고 옛부터 사랑의 참뜻을 알려고 퍽 애를 썼다. 요즘 노래에도 사랑은 씁쓸하고 달콤한 것이라는 등 사랑은 눈물의 씨앗이라는 등 여러 면으로 풀이하고 있다.

사랑이라는 말은 15세기에는 '생각하다' 와 '사랑하다' 의 두 가지 뜻으로 쓰였는데 지금은 사랑을 뜻하는 말로만 쓰이고 있다.

이 말의 한자어인 생각사(思)와 부피량(量)자에서 비롯했다는 설도 있으나 나는 다른 견해를 가진다. 몽골어와 비교하면 사랑의 어근 '살' 은 사람의 어근 '살' 과 일치한다.

즉 사람과 사랑의 어원은 같다고 하겠다. 사랑이란 사람과의 관계라 하겠으며 사람이 사람을 생각하는 것이 곧 사랑이 된다고 하겠다. 몽골어에서 사돈(saton)은 친척, 연인의 뜻을 지니는데 그 어근은 '삳' 이다. 사람의 어근 살의 옛말은 '삳' 인 것이다.

국어에서 '사돈' 은 몽골어와 동궤어인데 인척의 뜻을 지닌다.

어원에서 보면 사랑은 상대방에 대한 생각이 사랑의 척도가 된다고 하겠다. 상대방을 얼마나 생각하고 있느냐의 무게가 곧 사랑이었던 것이다. 상대방을 생각하는 양이 많을수록 사랑이 깊은 것이고 양이 적을수록 사랑이 얕다고 할 것이다.

'사랑하다' 를 뜻하는 순 우리말로는 '너기다' 라는 말이 있는데 이 말은 '너기다' 에서 '녀기다' 로 변하고 다시 '여기다' 로 변하였다. 평안도에서는 지금도 '사랑하다' 를 '너기다' 라고 한다.

한편 '괴다' 라는 말도 사랑하다의 뜻으로 쓰였는데 사랑은 상대방에게 마음이 쏠리는 것이라 하겠다. 즉 마음이 상대방에게 괴는 것이라 하겠다. 마음이 상대방에게 괴일 때 그것이 곧 사랑인 것이다.

한편 'ᄃᆞᆺ다' 라는 말도 사랑하다는 뜻으로 쓰였는데 '따스하다' 의 뜻도 함께 지니고 있는 말이다. 사랑이란 따스한 것이지 밍밍하거나 찬 것은 더욱 아닐 것이다. 마음이 차고서야 사랑의 마음이 우러나오지 않을 것은 두말할 나위가 없다.

이렇게 옛사람들은 사랑을 정신적인 면에서 볼 때에는 생각하는 부피와 그리고 마음이 물이 흐르듯 괴는 것으로 보았다.

요즘은 '용광로와 같은 사랑', '뜨거운 키스', '열애' 와 같은 말들이 쓰이고 있으나 'ᄃᆞᆺ다' 의 어원에서 보면 사랑은 찬 것도 아니고 그렇다고 해서 뜨거운 것도 아닌 따스한 것으로 여겼던 것이다.

'그립다' 라는 형용사는 '그리다' 라는 동사에서 변한 말이다. 그리워한다는 것은 상대방을 눈에 그림 그리듯 그린다는 것이 된다.

이렇듯 우리나라의 사랑은 정신적인 면을 값지게 여겼음을 알겠고 사랑은 요란스럽거나 육체적이 아니고 고요하고 은근하였으며 따스하고 회화적(繪畵的)이었음을 알겠다.

그런데 우리가 흔히 사랑이라고 하면 무지개와 같이 아름답고 고기 먹은 뒤에 아삭아삭 깨무는 사과 맛과 같이 새콤하고 달콤하고 깨같이 고소한 것으로 여기는 사람이 더러 있는 것 같다. 나는 사랑이란 김치와 같은 것으로 여겨진다.

원래 '김치' 라는 말은 15세기 문헌에는 '딤치(沈菜)' 로 나온다. 그러므로 제대로 구개음화가 되었다면 '짐치' 가 표준어가 되었어야 할 것이다. '짐치' 가 '김치' 에서 변한 말인 줄 잘못 알고 '김치' 를 표준어로 삼는 잘못을 저지른 것이다. 그것은 마치 '사랑' 이라는 말의 개념이 역사성과는 먼 향락적인 개념으로 잘못 여기고 있는 것과 비슷하지 않은가.

김치는 우리 식탁에서 빼놓을 수 없는 전통적인 찬이다. 아무리 반찬이 좋아도 김치가 없으면 입맛이 덜 나며 먹은 뒤에도 입이 개운하지 않은 것은 누구나 겪는 일이다.

그런데 이렇게 맛있는 김치의 재료를 생각해 보자.

배추, 무, 젓갈, 고추, 소금과 마늘, 생강, 갓 등 하나 하나의 맛은 맵거나 짜거나 그렇지 않으면 싱겁다. 그러나 이러한 것들이 알맞게 섞여지고 주부의 알뜰한 마음씨와 고운 손길로 버무려 얼마간

독에서 지내는 동안 하나 하나의 여러 맛은 하나의 맛으로 바뀌고 시원하고 개운한 맛을 주는 김치가 되는 것이다.

우리가 살아가노라면 고추같이 맵고 소금같이 짜고 싱겁고 씁쓸하고 떫은 일들이 잇달아 우리 앞에 부딪쳐 온다. 이렇게 짜고 맵고 싱거운 일을 당할 때 우리는 이것을 괴로움으로 받아들일 것이 아니라 요것은 고추 저것은 소금하고 김치를 담그는 마음으로 대한다면 그것은 얼마가 지나면 차원을 달리하는 사랑으로 바뀔 것이며 사랑을 만들어 내는 창조자가 될 것이다.

사랑은 어디서 굴러오는 것도 아니고 땅에서 솟는 것도 아니고 남에게서 빼앗아 오거나 꾸어 오거나 동정으로 얻어 오거나 사오는 것은 더욱 아니다. 그것은 김치와 같이 오랜 시일을 두고 이 세상을 다할 때까지 두고두고 각자가 만들어 내는 것이라 하겠다.

이렇게 김치와 같이 만들어진 사랑은 싫증이 나지 않고 언제나 싱싱한 감각으로 우리의 생활을 부드럽고 살찌게 할 것이다.

시골에서는 옛부터 전염병이 돌 때 곰팡이가 뽀얗게 뜬 김칫국물을 예방으로 마신다. 최근 김치를 과학적으로 연구한 바에 의하면 김치는 익을수록 영양가가 높고 살균력이 강하여 전염병을 예방하는 데 효과적이라고 한다.

만약 우리나라의 과학자가 곰팡이로 뜬 김칫국 마시는 것을 과학적으로 검토했다면 페니실린을 우리나라에서 처음으로 만들어 냈을지도 모른다.

사랑도 김치와 같이 익으면 익을수록 영양가가 높고 살균력이 강할 것이다. 그래서 괴로움과 아픔도 사랑으로 승화시키고 보잘것없는 인생의 여러 곰팡이 같은 일에도 생명력을 불어 넣어 준다고 하겠으며 우리의 생활을 보다 살찌게 할 것이다.

나의 생일

내가 25세 때는 해주에 있는 여학교에서 교편을 잡고 있었다. 6·25남침이 일어나기 전날 퇴근 무렵에 내일(25일), 시내 중고등학교 교직원 친선 축구대회가 있으니 교대 운동장으로 모이라는 것이다. 갑자기 점심까지 제공하면서 축구시합을 하는 이유가 무엇일까 하고 모두들 의아해 했다.

3·8선과 인접해 있는 해주에서 며칠사이 3·8선으로 인민군의 대이동을 감지할 수 있었다. 통행금지시간이 되면 집이 도로변이라 탱크나 대형차량들이 이동할 때는 구들이 울렸다. 근처에 있는 공설시장에는 저녁때 인민군 트럭이 와서 고춧가루 소금 등 부식감을 쓸어가서 주부들이 장보러 왔다가 빈손으로 돌아가기도 했다. 아침 저녁으로는 3·8선 주변 계곡에서 전에 없었던 밥 짓는 연기가 오르는 것을 볼 수 있었다.

25일 아침 눈을 뜨자 3·8선 이남에서 포성이 멀리 들렸다. 교직원 친선 축구대회라는 이름으로 경기가 시작되었다. 생애 처음이자 마지막인 축구선수가 되었지만 나같이 약체가 낀 팀이 이길 턱이 없다. 11시 가까이 되자 인민군총사령부의 발표가 전해졌다. 3·8선 전역에 걸쳐 국방군이 침공해 왔기 때문에 이를 격퇴하고 남반부로 진격 중이라는 것이다. 3·8선 전역이라면 해주에도 국방군이 들어왔어야 했는데 포성은 3·8 이남 멀리서 났었다. 친선축구대회는 남침을 은폐하려고 평화를 가장한 자작극이지 않은가 하는 생각이 들었다.

남자당원들은 즉시 지원형식으로 군에 들어갔다. 나는 당원이 아니기 때문에 다행이라 여겼는데 그것도 잠시, 남자교직원 모두 신체검사를 받으라고 하는 것이 아닌가. 갑자기 피할 길이 없어 꾀를 냈다. 나의 왼팔꿈치는 어렸을 때 탈골이 됐는데 바로 잡지 못했었다.

왼쪽팔이 아프다고 팔걸이를 하고 갔다. 군의관이 팔꿈치를 만져보면서 관절을 누르기에 몹시 아픈 표정을 지었다. 나만 불합격 판정을 받아 위기를 벗어날 수 있었다. 그러나 아래 동생도 교직에 있었는데 건강하기 때문에 끌려갔고 막내동생은 대학진학 희망자는 모이라고 해서 학교에 나갔다가 그 자리에서 트럭에 실려 갔다고 한다. 둘 다 인민군에 끌려간 것도 나중에야 알았다.

처음에는 그들이 승승장구하자 학생들에게는 위문편지를 쓰라, 위문품을 보내라는 등 신이 나 했었다. 유엔군의 폭격이 시작되면서 학생이나 직원들은 방공호를 운동장 둘레에 군데군데 깊게 팠다. 공습경보가 나면 호를 들락거리게 됐다. 방학이 되어 학생들은 나오지 않지만 직원들은 휴일 없이 출근하란다.

늦은 오후였다. 사이렌이 울려 방공호로 뛰어들었다. 시원하길래 깊숙이 들어갔다. 이윽고 교장과 당세포 위원장이 내가 있는 호로 들어오는 것이 아닌가. 깊이 들어오지 않고 입구에 있었는데 이야기 하는 소리가 안에까지 들렸다. 나는 숨을 죽이고 있었다.

당세포 위원장이 교장에게 수일 내에 후퇴할 거라고 하면서 서 동무는 데려가야 한다면서 만약 거부하면 반동으로 처리하겠다고 하는 것이 아닌가. 당세포 위원장은 월북한 자인데 당성이 강하고 성격이 괄괄하다. 그런데 어디서 났는지 요즘 권총을 차고 있었다.

가슴이 섬짓했다. 경보가 해제되자 나가는 소리가 들렸다. 이윽고 나는 조심조심 주위를 살피면서 집으로 향했다. 어머니가 피신할 곳이 있으니 위험하면 속히 알리라는 말씀이 있었는데 피할 곳이 어디일까. 피신하다 발각되면 큰 화를 입을 것이 아니겠는가. 그러나 이제는 상황이 급박하니 피신할 수밖에 없었다. 집에 도착하자 내 얼굴을 보신 어머니는 오늘 밤에 피신하라고 하셨다. 내 얼굴만 보고도 내 속 마음을 다 읽으신다.

저녁을 먹는 둥 마는 둥 어두워지자 어머니 뒤를 따라 나섰다. 어디로 가느냐고 여쭈었더니 그냥 따라 오라고만 하신다. 산자락으로 접어들고 좀 오르자 바위 앞에서 멈추신다. 바위 둘레는 나무들이 있기 때문에 가까이에서야 바위인 것을 알 수 있었다. 바위 밑 얄팍한 돌을 들어내더니 들어가라고 하시는 게 아닌가. 밤에 와서 열어

주기 전에는 절대 나와서는 안 된다고 하셨다. 몸 하나 겨우 들어갈 수 있는 구멍이다. 들어갈 때 주신 초에 불을 켜니 굴 안이 환하다. 바닥에는 가마니 위에 담요가 깔려 있었고 누울 만한 길이와 앉아 있을 수 있는 높이의 굴이다. 어머니는 굴문을 닫고 가셨다.

미싯가루, 물, 변기 그리고 책도 서너 권 있었다. 불을 끄고 누웠다. 자리가 푹신했다. 가마니와 담요가 이렇게 푹신할 수가 없는데 어머니의 사랑이 푹신하고 포근한 것이 아닌가. 이 산에 굴을 팔 생각을 혼자 하셨을까. 안전한 자리를 찾느라고 여기저기 살폈을 것이다. 언제부터 파셨을까. 낮에는 할 수 없고 밤에만 하셨을 것이다. 파는 도구는 호미였을 것이고 파낸 흙을 굴 밖으로 올려 흔적을 남기지 않으려고 앞치마에 담아 멀리 날라 여기저기 뿌렸을 것이다. 단시일 내에 하려고 새벽까지 파셨을 것이고 아들 여섯 키우시느라고 허리가 휘셨는데 힘은 또 얼마나 드셨을까.

아버지와 의논하셨을까. 걱정을 끼쳐드릴까 봐 안 했을 것이다. 이러저런 생각을 하니 꼬리에 꼬리를 물고 이어진다. 눈물이 주르르 옆으로 흘렀다. 동생 둘이 강제로 끌려 간 후 어머니는 밥이 안 넘어 간다는 말씀을 여러 차례 하셨다. 나만이라도 끌려가지 않게 하려고 애를 쓰신다는 생각을 하니 눈물이 이어져 나왔다.

아침에 눈을 떴다. 굴 안이 캄캄할 줄 알았는데 빛이 들어오는 게 아닌가. 책을 읽을 수 있는 채광까지 배려한 치밀함에 놀랐다. 저녁에 오셔서 똑똑 신호를 하고 굴 문을 열으셨다. 밖으로 나왔다. 저녁과 내일 아침 먹을 것을 가져 오셨다. 내무서원에게 검문을 당할까봐 도시락을 배에 차고 오느라고 찌개는 못 가져 왔다고 하신다. 출근을 안 했다고 학교서 왔길래 '아침에 출근을 했는데 안 가다니요' 하고 도리어 걱정을 하는 표정을 지었더니 그냥 돌아가더라고 하신다.

저녁을 먹으면서 '여기에다 굴을 팔 생각을 어떻게 생각해 내셨어요' 궁금해서 여쭈었다. '칠성님께 빌었더니 가르쳐 주시더라.' 어머니는 초하루 보름이면 언제나 정화수 떠놓고 자식 잘 되라고 칠성님께 비셨다. 어젯밤에 내무서원이 와서 나를 찾길래 학교서 안 왔다고 하자 방문마다 열어보고 변소까지 살피고 가더라는 말씀이었다.

사흘째 되는 날, 저녁에는 여러 소식을 전해 주셨다. 며칠 전에 유엔군이 인천에 상륙했다는 것, 곧 해주에도 올 거라는 것, 당원들이 도망가면서 서류들을 태웠다는 것, 그들에게 도움이 안 되는 반동은 모조리 손을 뒤로 묶어서 호에 생매장했다는 것, 시내에는 내무서원만이 다니는데 남자는 노인을 제외하고서는 모조리 잡아간다는 것 등의 정보다. 어머니에게 '이 정보를 어떻게 알아냈어요.' 하고 여쭈었더니 '다 아는 수가 있지. 너를 위해서라면 무엇인들 못하겠냐' 하신다. 어머니의 정보수집 능력이 대단하시다고 감탄을 했다. 이삼 일 내에 유엔군이 진주할 거라는 소문이 퍼져있다고 하셨다.

나흘째 되는 날 아침이다. 정찰비행기 소리가 굴 안에서도 들렸다. 해주 시내의 상공을 선회한다는 것을 알 수 있었다. 오후가 되자 굴 위로도 낮게 지나간다. 이렇게 하루 종일 해주 상공 주변을 정찰한다는 것은 유엔군이 진주한다는 전제가 아닌가. 시민들의 함성이 바람에 실려 굴 안까지 들리기도 했다. 절대 굴 밖으로 나와서는 안 된다고 어머니는 말씀하셨지만 굴 문을 살며시 밀어내고 나왔다. 숲 사이로 시내를 살폈더니 시민의 오고감이 활발하고 깃발을 든 사람도 보였다. 조심조심 내려오다가 노인을 만났다. 사정을 물었더니 당원들이 모두 도망치고 만세를 부른다는 것이다.

단숨에 집으로 달려갔다. 어머니는 깜짝 놀라시며 위험한데 왔다고 걱정하신다. '그놈들 다 도망쳤는데 뭐 무서워요' 하자 '이렇게 혼란할 때가 위험하다 집에 있으라' 고 하신다. 아버지는 내가 피신해 있다는 것을 아시고는 계셨지만 어머니가 산에 파 놓은 굴에 있었다는 것은 모르고 계셨다. 아버지는 내 말씀을 들으시고 '너의 어머니는 나보다 낫다. 정말로 장한 어머니시다.' 라고 칭찬을 아끼지 않으셨다.

내가 그들에게 끌려가지 않고 남으로 올 수 있었다는 것은 어머니가 파 놓으신 굴에서 피신할 수 있었기 때문이다. 굴은 나에게는 생명의 보금자리였고 어머니의 포근한 품이었던 것이다.

나는 지금도 목욕 시 따뜻한 물 속에 잠겨 있을 때나 캄캄한 방에서 혼자 누워 있을 때는 굴 속에 있을 때의 푸근하고 평안한 정서를 느끼게 된다. 어제 밤에는 25세 때 들어갔던 굴 속에 앉아 있는 꿈을 꿨다. 굴 안에 따뜻한 물이 차올라 머리까지 잠겼는데도 숨이 막히지 않고 아주 평안하고 몸이 물에 뜨는 게 아닌가. 이 굴 안이 모태라는 생각이 들었다. 굴에서 나와 캄캄한 밤하늘을 올려다봤더니 북두칠성이 선명하게 눈 안에 들어왔다. 그 별 위에 어머니의 영상이 떠오르는 게 아닌가. 너무 반가워 '어머니' 하고 부르다가 그만 꿈이 깨었다.

어제가 나의 생일이었다.

고구려인의 호탕한 웃음

경주에 있는 천마총에는 관의 머리맡에 알껍데기가 있다. 죽은 자의 먹거리로 알을 넣은 것이 아니라 알에서 태어났으니 알로 돌아간다는 귀소본능의 표현이다. 날개 달린 백마의 그림은 하늘에서 백마가 알을 실어 왔기 때문에 다시 백마가 하늘나라로 알을 옮긴다는 의미가 있는 것이다.

이렇듯 신라의 시조가 하늘에서 백마가 가져온 알에서 태어나듯 죽어서는 알로 돌아가서 백마에 의해 하늘로 올라간다는 귀소본능의 전형적인 사례를 보여주고 있다. 신라 시조뿐 아니라 가락국의 김수로왕도 하늘에서 내려온 알에서 태어났고 고구려의 고주몽도 햇빛에 의해 임신하여 알을 낳았는데 그 알에서 태어났다.

이렇듯 신라, 가락국, 고구려의 시조들이 알에서 태어났는데 이러한 난생신화는 태양숭배사상에서 비롯된다. 이러한 난생신화는 고대 한국어가 건너간 일본에도 없고 알타이어권인 몽골, 터키, 퉁구스어권에도 없고 중국에도 시조의 난생신화는 없다. 고구려, 신라,

가락국의 난생신화를 보면 다른 나라에서 찾아 볼 수 없는 고유한 문화권을 형성하고 있다. 중국이 고구려가 자기 나라였다고 주장하는 것은 고구려의 난생신화가 신라와 가락국과 맥을 같이 하고 있다는 것으로 보아 그들의 주장이 얼마나 터무니없다는 것을 알 수 있다.

삼국유사의 왕력(王歷)에 의하면 고구려의 시조는 단군지자(壇君之子), 즉 단군의 자손이라고 명기되어 있는 것으로 보아도 그들의 주장이 허무맹랑하다는 것을 단적으로 보여준다. 고구려가 중국의 나라였다면 중국인의 조상들이 단군의 자손들이란 말인가. 고구려 고분의 벽화를 보면 천정에 북두칠성이 그려져 있다. 우리나라에서는 전통적으로 자식을 원할 때 북두칠성에게 빈다. 절의 칠성각이 바로 자식을 기원하는 곳이다. 칠성에서 생명을 얻었으니 죽어서는 칠성으로 돌아간다는 귀소본능의 예증이 있다. 관에 까는 널을 칠성판이라고 하는 것은 바로 귀소본능의 표현인 것이다. 시체를 일곱 마디 묶는 것도 칠성과 관련된다.

제사를 지낼 때 북쪽을 향하는 것이나 묻힐 때 머리를 북쪽에 두는 것도 칠성과 연결되며 솟대의 새들은 모두 북쪽을 향하고 있는데 그것은 우리 민족의 고향과 연결된다고 여겨진다. 산사람이 잠을 잘 때 북쪽에 머리를 두는 것을 금기로 하는데 그것은 죽어서 가는 곳이 북쪽이기 때문이다. 이러한 풍습은 일본의 유구열도인 아마미(奄美)에서도 북쪽에 머리를 두는 것이 금기로 되어 있다. 북쪽에는 우리의 생명의 고향인 북두칠성이 있다.

몇 해 전에 시베리아에 간 적이 있었다. 바이칼호 남쪽에서 나자라는 부리야트 샤먼을 만났었다. 샤먼이 죽으면 장사를 어떻게 지내느냐고 물었다. 지금은 그렇지 않지만 옛날에는 샤먼이 죽었을 때는 수장(樹葬)을 했다고 한다. 살이 썩고 뼈가 나무에서 떨어지면 뼈를 빻아서 백양나무에 구멍을 뚫거나 해서 나무 속에 뼈를 넣는다는 말을 듣고 속으로 놀랐다.

신라의 시조가 하늘에 올라간 지 일주일 만에 뼈가 흩어져 떨어졌다. 왕후도 또한 세상을 떠났다. 모아서 묻으려고 했더니 뱀이 나타나서 못하게 막아 오체(五體)를 따로따로 묻었다는 기록이 떠올랐던 것이다.

신라 제2대 남해차차웅(南解次次雄)의 차차웅(次次雄)이 무당의 뜻을 지니고 있다는 것이 삼국유사에 기록돼 있다. 아들이 박수였다면 그 아버지인 시조도 박수였음을 보여준다. 신라의 시조가 박수였기 때문에 수장을 했을 것이며 뼈가 하늘에서 떨어졌다는 것도 수장을 했음을 보여준다. 이러한 수장은 고대 일본에서도 있었고 일본 유구에서도 무당은 수장을 했었다는 기록이 보인다.

이러한 수장의 장례법은 시베리아 샤먼의 수장법이 신라에 이어지고 일본과 유구에까지 이어진다는 것은 우리의 난생신화가 고유한 문화권을 이루듯 샤먼들의 장례법도 일본까지 이어지는 고유한 장례법을 이루고 있다. 만약 중국에서도 샤먼에 대한 수장법이 있다하더라도 그것은 중국의 고유한 것이 아니고 북방 문화의 영향을 받은 것이라 하겠다.

삼국사기(三國史記)에는 고구려의 지명(地名)이 나오는데 그 기록에서 유일하게 고구려어를 찾아 볼 수 있다. 그 예의 하나로 입(口)의 뜻으로 '古次'가 보이는데 '곧'의 표기라고 하겠다. 고구려어로 곧(古次)이 입의 뜻을 지닌다고 하겠다. 고구려어 곧(口)도 터키, 몽골, 퉁구스어에서는 찾아 볼 수 없는 말로 고구려의 고유어가 된다. 그런데 곧(口)이 일본어에서는 구찌(kutsi;口)로 반영된다. '말'의 어원은 말이 입에서 나오므로 어원적 의미는 입(口)의 뜻을 지닌다.

'말'의 어원적 의미가 입의 뜻을 지니고 있는가를 살펴본다.

신·신다, 띠·띠다, 품·품다, 토끼·토끼다와 같이 우리말 동사는 명사에서 전성된 것을 알 수 있다. 물다(咬), 묻다(問)의 어근(語根)은 '물, 묻'으로서 명사가 된다. 물다, 묻다의 행위는 입으로 하는 것이기 때문에 고대어에 '묻'이 입의 뜻을 지녔던 옛말인 것이다. 말이란 말도 묻(口〉言)에서 바뀐 말이다.

가라사대(曰), 가르치다(敎)의 어근 '갈'이 말의 뜻을 지닌다고 하겠으며 일본어 kataru(말하다)의 어근 'kat'은 국어 곧(口)이 건너가서 동사가 된 것이다. '잠꼬대' 할 때 '고대'가 말의 뜻인데 '곧'이 어근이 된다. 일본어에서는 kotoba(言)인데 어근 kot은 고구려어 곧(口)과 곧(言)과 어원이 같다. 이는 고구려어 곧(口)은 고대 한국어가 되고 이것이 일본에 건너간 것이다. 일본어가 탄생한 곳이 북구주(北九州)라고 하는 것이 일본학계의 견해이다. '고래고래 소리 지른다'의 고래(音, 言, 聲)의 'ㄹ'이 떨어지면 일본어 고에(koe, 聲)가 된다.

고구려어 곧(口)이 신라나 가야를 껑충 뛰어서 북구주로 갔다고 보기는 무리다. 북구주와 가까운 신라나 가야에서 건너갔다고 보아야 할 것이다. 사실 나는 한국 고대어가 구주에 건너가기 시작한 것은 선사시대부터라고 여기고 있다. 한국 고대어는 고구려어와는 방언차 정도는 있겠지만 거의 같았다고 보고 있다.

이렇듯 고구려어 곧(口)이 고대 한국어, 일본어와 맥을 같이 한다는 것은 고구려가 중국의 나라였다는 것을 부인하는 강력한 예증이 된다고 하겠다. 고구려어 곧(口)이 다른 알타이제어와 비교가 된다고 하더라도 '곧'이 고대 한국을 거쳐 일본까지 진출했다는 것은 고구려가 중국의 나라였다고 하는 주장에 제동을 거는 것이 된다. 그러나 알타이제어와는 비교가 안 되지만 당시 중국어 '口'와는 비교가 됨직하다. 나는 중국어의 고대어도 조어(祖語)시대에는 알타이제어와 맥을 같이 한다고 보고 있다.

이렇게 고구려어 곧(口)이 중국어에 영향을 주었다는 것은 당시 고구려의 세력이 강성하다는 것을 시사한다. 당시 당 태종(唐太宗)이 수십만의 병력을 이끌고 고구려를 침공하다가 거의 전멸당하고 물러갔다. 당시 당 태종은 고구려의 화살에 눈이 맞아 애꾸눈이 돼서 돌아가는 수모를 당할 정도로 고구려의 힘이 막강했던 것이다.

일본의 수사(數詞) 중 네 개가 고구려어에 나온다. 3인 미(mi, 密), 5인 이쯔(itsu, 于次), 7인 나나(nana, 難隱), 10인 도(to, 德)가 그것이다. 이러한 고구려어의 수사가 신라나 가야를 거치지 않고 껑충 뛰어서 북구주로 갔다고 보기는 어렵다. 당시는 신라나 가야의 수사도 초기에는 고구려어와 거의 같았다고 여겨진다.

북구주에서 일본어가 형성됐다는 것은 한국에서 고대 국어가 건너갔다는 것을 지리적으로 설명해 주는 것으로 현대 쓰는 한국어가 건너간 것이 아니라 고대 한국어가 북구주에 건너가 일본어의 모태가 된 것이다. 그렇게 본다면 고구려어는 고대 한국어가 되며 그것이 구주까지 건너갔다는 것이 된다. 이렇듯 고구려어와 고대 한국어와 고대 일본어가 맥을 같이 한다는 것은 고구려가 중국의 나라였다고 주장하는 것이 얼마나 억지인가를 보여준다.

옛날에는 사람의 뜻을 지니는 말이 부족을 대표하고 나라 이름까지 되는 경우가 많았다. 고구려의 최초의 이름은 구리(句离)였다고 한다. 구리는 사람의 뜻을 지닌다. 멍텅구리할 때 구리, 심술꾸러기할 때 꾸러기의 어근 '굴' 은 국어 멍텅구리의 어근 '굴' 과 일치한다.

바이칼호 주변의 사람들은 자기들을 '고리' 라고 하는데 '사람' 의 뜻을 지닌다. 몽골(mongol), 다굴(dugul), 위굴(uigul)의 '골 · 굴' 이 사람의 뜻을 지닌다. 우리말 겨레(族)가 일본어에서는 가라

(kara, 族)이다. 이렇듯 고구려의 처음 이름 '구리'가 사람의 뜻을 지니는 말이 현대 국어에 살아있고 일본에까지 건너갔다. 이렇듯 나라 이름만 가지고 봐도 중국의 주장이 거짓인 것을 보여준다.

중국이 갑자기 2천년 전의 고구려사를 왜곡하려는 저의는 무엇일까. 공산주의가 붕괴함에 따라 고르바초프는 소련으로 편입시켰던 약소국가를 거의 풀어줘 독립을 시켰다. 그러나 중국만은 공산정권을 유지하여 티벳, 위굴, 내몽골 등을 계속 점령하고 있는 21세기 마지막 남은 제국주의 국가이며 패권 국가이다. 대만까지도 삼키려고 널름거리고 있다. 뿐더러 일본이 패망하자 일본의 손아귀에 있었던 만주를 통째 삼켜버렸다. 모택동은 만주를 삼키고 김일성의 남침을 도와 중공군을 파견했다는 대가로 우리의 영토였던 백두산을 쪼개 가지지 않았던가.

우리가 통일이 되면 백두산, 조선족이 많이 살고 있는 만주 그리고 간도 문제 등이 야기될 것을 우려하여 2천년 전의 고구려사까지 왜곡하고 있는 것이다. 이미 조선족이 많이 살고 있는 지역의 조선족을 분산시키고 조선족 거주지에 중국인들을 이주시키고 있다.

고구려가 중국의 나라였다는 말을 고구려인이 무덤에서 듣는다면 관(棺)이 벌떡 일어나서 '이 괘씸한 놈' 하며 '하늘이 알고 땅이 아는데 입을 가졌다고 함부로 놀리면 안 되지!' 하시며 호탕하게 껄껄 웃으시지 않겠는가.

2

회향목 외 2편

김 준 태

길가 어느 집 대문 앞에 화분에 심은 회향목이 한 그루 있다. 한 줄기에서 V자로 가지를 뻗었는데 형제인지 오뉘인지 한 쪽이 좀 굵고 다른 가지는 가는 것이 동생인가 보다. 싱싱해야 할 굵은 가지의 잎은 누렇게 말라 있고 작은 가지의 잎은 파랗다.

회향목은 재질이 단단하고 생육이 강한 나무로 안다. 어려서 이 나무를 도장나무라 했다. 엄지 굵기 만한 나무토막에 도장을 새길 만큼 재질이 단단한 나무다. 나는 소년시절을 들녘에서 자라 나무 종류를 많이 알지 못 한다. 가로수로 포플러나 플라타너스, 강가의 수양버들, 일제 때 초등학교 운동장 주변에 벚나무, 교장선생님 사택에 벽오동나무, 일본사람들이 울타리에 심은 탱자나무나 사철나무 정도다. 어렸을 때 우리 마을에 일본사람들이 여러 집 살았는데 부잣집 정원에 둥실둥실 하게 이발을 시킨 예쁜 나무를 본 일이 있는데 그게 회향목여서 귀한 나무로 알고 있다.

지금 사는 집을 1975년도에 사서 이사했다. 정원을 꾸미면서 정원석 사이사이에 어린 회향목과 황철쭉을 심었는데 어언 40여 년이 되어간다. 그런데 황철쭉은 한 그루도 남지 않고 다 죽었는데 회향목은 내 엄지 굵기만 하게 자라 춘하추동 파란 빛깔이 싱그럽다.

지난 10월 셋째 토요일은 꿈나무 장학회 정규 산행 날이다. 동작동 현충원으로 가 경내를 한 바퀴 돌면서 역대 대통령 묘소에 참배도 했다. 박정희 대통령 묘소에 올라가는 화강석 계단 양 옆에 회향목과 주목을 심어 계단 높이에 맞춰 가지런히 다듬어 놓았는데 두 수종이 다 상록수라서 주변의 잔디나 꽃보다도 더 아름답다.

지인 중에 분재를 좋아하는 분이 있다. 그 집에 가 보면 분재가 여러 그루 있는데 그분이 날 만나면 자랑하는 나무가 있다. 1997년도인 것 같다. 여름 방학 때 울진군에 있는 응봉산 등산을 같이 간 일이 있다. 덕구 온천 쪽으로 갔으면 쉽게 다녀올 수 있는 산을 태백으로 가서 버스로 덕풍으로 들어가 용소골에서 산에 올라갔다. 풀이 키가 넘게 자라 길을 찾지 못하고 되돌아와 외딴 민가에서 하룻밤을 자고 왔다. 산기슭에 밭을 일구었는데 둔덕에 꽤나 굵은 회양목 한 그루가 자생하고 있다. 나무를 본 선생은 “저 나무 캐 가도 되느냐”고 민박집 아주머니한테 물으니 흔쾌히 캐 가란다. 그냥 말 수 없다며 얼마간 사례를 하고 캐 왔다. 분재를 오래 하시던 분이라 정성을 드려 그 나무를 살려놓고 지금도 만나면 그 나무 자랑을 한다. 이같이 생명력이 강한 나무가 회양목이다.

그런데 어찌 된 일일까. 길가 대문 밖 화분에 심어 놓은 회양목의 한 가지가 죽어가고 있으니 말이다. 편작이라도 불러와야 하는 것일까. 생명력이 아무리 강하고 고급 나무라 할지라도 심어 놓고 돌보지 않으면 언덕바지에서 아무렇게나 자란 나무만도 못할 수가 있다. 분재를 해 놓은 나무가 저렇게 죽고 있으니 아무리 고운들 무엇하리요. 나무나 사람이나 누구를 만나 어디에 놓여있느냐에 따라 그 값이 달라진다는 생각이 든다.

씨암탉

한더위가 기승을 부리는 8월초 첫 토요일이다. 큰아들은 저희 가족끼리 여수 엑스포로 피서를 겸해 갔고, 작은 아들네는 캠프에 다녀왔다며 저녁 먹으러 오겠단다. 우리 내외는 기동성도 없고 몸도 성치 못해 남들 다 간다는 엑스포 구경도 못 가고 집안에서 선풍기를 두 대씩이나 틀어놓고도 더워 팬티차림으로 올림픽 경기 중계방송을 보며 한여름을 보내고 있었다.

손자들이랑 며느리가 온다니 옷을 챙겨 입고 에어컨도 켜놓고 기다리고 있었다. 오면서 시장에 들려 토종닭 세 마리를 사 가지고 왔다. 우리가 아들딸 기를 때 만만한 게 닭이라 다른 육류보다 많이 사다 먹였다. 그래서인지 손자들도 닭고기를 잘 먹는다. 황기며 마늘 대추를 넣고 압력솥에 푹 삶아내니 먹음직스럽다. 아들 며느리 한 마리 두 손자가 한 마리 우리 내외 몫이 한 마리다. 손자들이 저희 것 다 먹고 부족한지 널름거려 반 쪽을 더 주었다. 손자들이 맛있게 먹는 것을 보니 옛날 생각이 난다.

내가 대학에 다닐 때는 6·25전란이 끝나고 얼마 되지 않아 어렵게 살던 때였다. 농촌이 고향이라서 등록금을 마련하려면 소를 팔거나 논을 팔아야 학비를 마련했다. 다행히 큰형님이 서울에 사셔서 단 칸 방이지만 거기서 기식을 하는 바람에 하숙비는 들지 않았다. 그러니 형수님이나 조카들은 그들대로 나는 나대로 불편했지만 도리가 없었다. 그런 틈에 끼어 학교를 다니던 때라 종강을 하면 시험이 끝나기가 무섭게 곧장 시골로 내려갔다.

시골에는 부모님과 둘째형수와 조카 남매가 살고 있었다. 작은 형님이 결혼하고 부모님과 같이 살다가 바람이 났다. 같은 학교 여선생과 눈이 맞아 사표를 내던지고 도주를 해서 어디서 사는지 행적을 모르고 있을 때였다. 그러니 형수는 마음이 두~웅 떠서 안정을 못하고 불만투성이라 부모님들도 마음이 편할 리가 없다. 그런 와중에도 내가 방학 때 내려가면 막내사위나 잡아준다는 씨암탉을 잡는다. 마늘을 듬뿍 넣고 찹쌀 한 움큼 넣어 푹 삶은 암탉 한 마리를 큼직한 양푼에 담아 대청마루로 들고 오셔선 먹으라신다. 조카들은 학교가고 형수도 형님 때문에 심통이 나서 집을 잘 비우던 때라 손자나 며느리 없을 때 호젓이 먹도록 삶아 주셨다. 누런 기름이 동동 뜨고 알집에 노란 알이 두세 개 맺힌 정말 보기만 해도 군침이 도는 씨암탉이다. 그 큰 닭을 다 발라먹고 국물까지 훌훌 마시고 나면 배가 남산만해지고 속이 후련해진다. 지금도 구수한 그 맛이 잊히지 않는다. 아마 내가 이 나이가 되도록 건강하게 사는 것도 다 어머니의 은덕인데 돌아가실 때까지 양계 닭 한 마리도 못 고아 드렸으니 생각할수록 불효 막급한 놈이다.

어머니, 손자들이 게걸스럽게 닭고기를 잘 먹는 걸 보니 어머니 생각이 나네요. 칠 남매를 낳아 기르시는 일만도 버거우실 텐데 농부의 아내라 농사일 뒷수발 다 하시노라 새벽 같이 일어나셔 십여 명 인부들 밥상까지 차리노라 동분서주하시던 모습이 눈에 선합니다. 끼니때면 자리 잡고 앉아 식사할 겨를이 없어 오며가며 한 술씩 오물오물 끼니를 때우면서 허리 한 번 펴지 못하시던 어머니. 자기 입에 들어가는 것이 아까워 자식 밥그릇에 덜어주시며 자식들 먹는 것을 보며 흐뭇해하시던 어머니가 새삼 그리워집니다.

작은 형님이 바람만 안 피우셨더라도 부모님이 좀 더 오래 사셨을지 모릅니다. 삼형제나 되는 자식들이 모두 부모 곁을 떠나게 되니 그것이 못마땅한 것 같았습니다. 고향 가까운 전주에서 살던 나마저 서울로 이사를 한다니까 충격을 받아 전주를 떠나던 날 아버지가 자리에 누우셔 10여 일만에 돌아가셨습니다. 손수 마련한 집이나 논이니 팔아 실컷 쓰시다가 돌아가신들 어느 자식이 무어라 하겠습니까. 생각할수록 후회스럽습니다.

아버지 돌아가셨다는 소식을 듣고 나타난 작은 형님이 밉습니다. 형님은 부모님이 사시던 집과 논을 위자료로 주고 형수와 이혼을 했습니다. 그러고도 고향으로 돌아오지 못 하고 충남에 가서 복직을 하고 거기서 정년을 하셨습니다. 아버지 돌아가시고 4년 후에 어머니도 돌아가셨는데 만년에 집도 의지할 곳도 없이 한동안 사셨습니다. 큰아들 집에 왜 안 가셨냐고요? 큰형님은 모시고 싶으셨겠지요. 그러나 어머니는 큰며느리한테는 가기 싫어하셨습니다. 그 이유는 나도 잘 모릅니다. 그저 고부간의 갈등이겠지요. 큰형수는 한마을에 살던 동네 처녀였습니다. 아버지와 형수아버지하고는 가까운 친구사이였답니다. 그래서 혼인을 했다고 들었습니다. 그 집은 우리가 어렸을 때 정미소를 하는 부잣집이었습니다. 사부인은 기가 센 분으로 알고 있습니다. 동네 사돈이 나쁜 이유가 그런데 있는 것 같습니다. 이웃에서 뻔히 아는 사이라 친정의 기세로 시댁을 깔보는 경향이 있었던 것 같습니다. 그래서인지 큰며느리와의 사이가 안 좋아 분가해서 가까이 살 때도 아들집에 가는 것을 못 보았습니다. 동네 병원 의사 딸과 내 결혼 말이 있었나 봅니다. 어머니가 절대 안 된다며 반대하는 바람에 매파가 말도 못 꺼냈답니다. 한 번 겪었으니 두 번은 아니라는 뜻이겠지요.

어머니는 말년에 우리랑 같이 사셨습니다. 사시던 집이지만 이혼한 며느리와 같이 살고 싶으셨겠습니까. 오고 싶어 오신 것은 아니지만 그때 형편으로 어머니가 우리 곁에 꼭 계셔야 했습니다. 서울로 이사 와서 아이는 넷이나 되는데 아내가 다니는 학교는 김포공항 쪽이었습니다. 버스를 타고 면목동에서 거기까지 출퇴근 하려면 시간이 많이 걸렸습니다. 가사도우미가 있었지만 처녀였습니다. 그래서 어머니가 계셔야 했기 때문에 우리가 모신 것입니다. 따지고 보면 어머니는 손자들 때문에 우리랑 같이 사셨습니다. 날 길러주시고 말년엔 손자들까지 키워주신 어머니께 아무것도 해 드린 게 없습니다. 어머니 죄송합니다. 손자들 닭백숙을 먹는 걸 보니 방학 때마다 씨암탉을 잡아주셨던 어머니가 생각이 나고 보고 싶습니다.

상 처(傷處)

대중탕에 가본 지가 꽤 오래 되었다. 발가벗은 몸을 여러 사람 앞에 노출시키는 것이 싫어서 나는 집에서 목욕을 하는 편이다. 앞뒤로 난 몸의 흉터를 상대방이 보면 혐오스러울 것 같아서다. 젊어서는 운동을 좋아해서 몸매 좋다는 이야기도 더러 들었다. 전쟁터에 나갔다온 것도 아닌데 살다보니 몸의 여기저기에 상처투성이가 되었다. 팔목과 배, 등, 허리에는 상당히 큰 칼자국이 있고 머리에도 꿰맨 자국은 없지만 수술을 받았다.

초등학교 2학년 때인 것 같다. 오른손 팔목 밑에 희미한 흉터가 있는데 그 해 초겨울에 받은 수술 자국이다. 옛날에는 추수한 벼를 타작할 때 동네 부녀자들이 마당에 둘러서서 홀태로 벼를 훑었다. 이렇게 타작을 20여 명의 부녀자들이 한 일주일 계속했다. 이날도 많은 사람들이 벼를 훑는데 나는 학교에 다녀와 일은 돕지 않고 방으로 들어가 일을 저질렀다. 안방 벽에 괘종시계가 걸려 있는데 어른들도 목침을 밟고 올라서야 시계 밥을 줄 수 있었다. 이날따라 시계가 멈춰 섰던지 내가 태엽을 감아준다고 목침과 베개를 있는 대로 다 꺼내 차곡차곡 포개놓고 그 위에 올라섰다. 베개가 와르르 무너지는 바람에 벽을 의지한 손이 벽을 스치며 넘어지고 말았다. 다친 곳은 없었는데 이 후로 손등이 아프고 몸에 힘이 쭉 빠지면서 식욕도 잃었다. 팔팔하던 아이가 갑자기 시름시름 앓으면서 밥도 안 먹으니 부모님이 걱정을 하시기에 자초지종 이야기를 다 했다. 손등을 만지는데 어찌나 아픈지 자지러지게 울었던 것 같다. 다음 날 큰형님이 자전거에 태우고 이리(지금은 익산시) 병원으로 갔다. X-Ray를 찍어 보더니 바늘토막이 뼈에 박혔다는 것이다. 바로 수술을 받고 바늘토막을 빼냈다. 옛날에 엄마나 누나들은 바느질을 하고는 벽에 바늘을 꽂아놓았는데 넘어지면서 그 바늘을 스치면서 바늘토막이 박힌 것이다. 그 후로 우리 집에서는 벽에 바늘을 꽂아 두는 일이 없었다.

내 배꼽 오른쪽에는 Y자형 흉터가 크게 있다. 서른여섯에 생긴 흉터다. 대통령 선거가 있는 날 투표를 일찍 마치고 시골집 인근의 도깨비 방죽으로 낚시하러 갔다. 낚싯대를 펴 놓고 한 시간도 안 되었는데 몸에 오한이 나고 추워서 도저히 견딜 수가 없었다. 허겁지겁 낚싯대를 걷어가지고 집으로 돌아와서 이불을 쓰고 누었는데 오한이 그치지 않는다. 병원에 가 주사도 맞고 약도 먹어 봤지만 효험이 없었다. 결국 3일째 되던 날 전주 예수병원에 입원을 하고 며칠 동안 경과를 보았는데 원인을 찾지 못했다. 일주일이 지나도록 효험이 없자 맹장으로 알고 오른쪽 아랫배를 수술을 했다. 그런데 맹장에는 이상이 없고 장에 염증이 생겼더라는 것이다. 결국 그 부위를 잘라 내고 배양검사를 하고서야 장티푸스로 판정이 났다. 그러니 오진으로 인한 수술 자국이다.

등에도 흉터가 있다. 2004년도 건강검진을 받았는데 폐에 이상이 있다하며 종합병원으로 가보라 한다. 아산병원에서 MRI를 찍고 환부의 조직검사를 하고 보니 폐암초기라 했다. 폐는 왼쪽에 2엽 오른쪽에 3엽이 있다는데 오른쪽 3엽 중에 2엽을 잘라냈다고 한다. 초기에 발견되어 수술이 잘 되었다며 의사도 행운아라 했다. 폐암은 평상시 증후가 없어 폐암 증상이 나타났다 하면 이미 늦어 수술을 해도 살 수 있는 확률이 극히 낮다고 한다. 다행히 나는 일찍 발견되어 수술을 받고 회복도 빨랐다. 입원 중에 고향 후배가 두 번씩이나 문병을 왔다. 자기도 폐암 진단을 받고 모 병원에서 수술 날을 받아 놓았다 하며 내 수술 경과를 보니 자기도 여기에서 수술을 받고 싶다고 했다. 그가 수술을 받았다는 소식을 듣고 문병을 갔다. 그런데 어찌된 일인지 그해 가을에 그가 운명을 했는데 유족을 만나 얼마나 민망했는지 모른다. 지금도 정기적으로 검진을 받으러 수술한 의사나 종양내과 의사한테 다니는데 의사들도 갈 때마다 행운아라 한다.

폐 수술 1년 후에 이번에는 머리가 아프고 오른쪽 눈이 안 보이기 시작하였다. 안과 검진을 여러 번 받고 안약도 주어 넣어 봤지만 효험이 없다. 의사는 노안이라서 그렇다는데 결국 신경외과 의사한테 검진을 받고야 뇌종양 때문에 그렇다는 걸 알았다. 아산병원 신경외과에서 감마나이프 수술을 받아 머리가 아픈 것은 낫지만 한 눈을 실명했다. 수술 전에 실명한다는 사실을 알았기에 고민을 많이 했다. 성경에 '한 눈이 죄를 짓거든 빼어버리라' 했는데 오른쪽 눈이 왼쪽 눈보다 죄를 많이 졌거나 보지 말아야 할 것을 너무 많이 보았나보다. 한 눈으로 산 지 어언 7년이 되었다.

2012년 5월에 또 수술을 받았다. 이번에는 허리다. 척추 4, 5번 사이가 협착이 되어 왼쪽 다리가 저리고 당겨 걸을 수가 없어 앉은뱅이 신세를 면치 못 할 것 같았다. 하루를 살아도 앉은뱅이로는 살수가 없을 것 같아 다른 부작용이 설령 있다 하더라도 수술을 받고 걸을 수 있으면 걷고 싶었다. 그래서 수술을 받고 8일만에 퇴원을 했는데 회복기간이 고통스럽고 힘겨웠다. 그래도 참고 재활치료를 꾸준히 하고 있었다. 5개월이 지나면서 예전만은 못 해도 걷는데 지장이 없으니 얼마나 다행인지 모르겠다.

부산에 사는 죽마고우가 입원 소식을 듣고 병원에 누어있는데 문병을 왔다. 요즘은 서울 아들 집에 와 있으면서 자주 만난다. 그런데 그도 나와 같은 증상으로 목동에 있는 병원에서 수술 받을 날을 잡았다. 내 수술 경과를 보고 아산병원으로 옮겼다. 나를 수술한 의사한테 진단을 받고 수술 날을 잡아 입원을 했다. 문병을 가려고 연락을 해 보았더니 수술을 미루고 퇴원을 했다고 한다. 이유는 심장과 신장 때문이라는데 그쪽 치료가 된 후에 하잔다는 것이다.

온몸에 상처투성이라서 목욕탕이나 수영장에 가면 공연히 사람들에게 혐오감을 줄 것 같아 남의 눈치가 보였는데 요즘 생각을 바꾸었다. 아버지 어머니가 76세 78세에 돌아가셨는데 몸에 상처 하나 없으셨다. 아마 이 시대에 사셨더라면 좀 더 장수하시지 안 했을가 싶다. 나는 좋은 시대에 태어나서 좋은 의술 덕에 병든 부위를 여기저기 잘라내고도 생명을 연장해서 아버지 어머니보다 더 많은 나이까지 살 수 있게 되었다. 그리고 나와 같은 병을 앓다 죽은 후배나, 수술을 할 수 없다며 퇴원하라는 의사의 명을 받은 친구 이야기를 듣고 보니 이 흉터들이야말로 내 생명을 연장해 준 고마운 상처다. 이런 영광스러운 상처를 부끄러워 할 이유가 없겠다는 생각이 들어 앞으로는 목욕탕도 수영장도 주저 없이 가리라.

김 준 태

고려대학교, 동 교육대학원 졸업. 문예사조 수필 등단(2002년). 한국문인협회 · 한국수필가협회 · 중랑문인협회 · 미리내수필문학회 회원. E-mail: juntaekim@hanmail.net

백두산 만병초 외 3편

김 의 배

백두산 남파(南坡)에서 천지(天池)를 촬영하고 내려오다가 노란 만병초(萬病草)가 만발한 대평원 같은 벌판을 만났다. 우리 일행은 흐드러지게 피어 끝없이 쫙 깔린 만병초를 벌판에 엎드려 촬영하며 시간 가는 줄 몰랐다. 미리 준비해간 야외도시락으로 점심을 먹고 신나게 촬영했다.

만병초는 높고 추운 산꼭대기에서 자라는 늘푸른떨기나무로, 잎은 고무나무 잎을 닮았고, 꽃은 철쭉꽃을 닮았으며 빛깔은 흰 것, 노란 것, 붉은 것도 있다. 하늘의 신선들이 가꾸는 꽃이라는 뜻의 천상초(天上草)라 부르기도 하고, 만년 동안 산다고 하여 만년초라 부르기도 한다.

신이 나서 촬영할 때 만병초에 대한 전설이 떠올랐다. 옛날 백두산 깊은 골짜기 외딴집에 며느리와 시어머니가 단란하게 살았다. 어느 날 저녁때에 며느리가 밥을 지으러 나왔는데 호랑이 한 마리가 달려와 입을 쩍 벌렸다. 며느리는 기겁하여 호랑이에게 절하며 배가 고프거든 나를 잡아먹고 시어머니는 해치지 말라고 애원했다. 시어머니는 호랑이 앞에 엎드려 "쓸모없는 이 늙은이를 잡아먹고 우리 며느리는 살려주십시오." 했다. 호랑이는 앞장서서 가고 두 사람은 따라갔다. 고개를 넘어가서 며느리가 호랑이 앞에 꿇어앉아 눈을 감고 있다가 떠보니, 호랑이는 입을 크게 벌리고 있었다. 살펴보니, 목에 헝겊 뭉치가 걸려있어서 손으로 빼내어 냅다 던져버렸다. 그런데 호랑이가 헝겊 뭉치를 물어다 그의 앞에 놓았다. 또 던져버렸더니, 다시 물어다 놓아서 풀어보았더니 그 안에는 까만 씨앗이 있었다. 그것이 신기하여 가져다가 뜰에 심었더니, 싹이 나고 꽃이 피었다.

하루는 며느리와 시어머니가 그 꽃을 보며 즐기고 있는데, 호랑이가 또 왔다. 며느리가 호랑이에게 말했다. "호랑이님, 이 꽃씨는 백두산에서 우리에게 주려고 씨를 헝겊에 싸서 물고 오다가 고개를 넘을 때 목구멍에 걸렸었군요." 호랑이는 고개를 끄덕였다. "그럼 이 나뭇잎을 따서 달여 먹으면 좋은 약이 되겠네요." 호랑이는 또 고개를 끄덕였다. 며느리는 호랑이에게 닭 몇 마리를 고마움의 표시로 주었다.

그 후 두 사람은 나뭇잎을 따서 끓여 먹었는데, 힘이 솟고 병이 나으며 늙지 않았다고 한다. 이 꽃은 두견새가 울 때에 핀다 하여 두견화라 불렀다. 이것이 바로 만병초다. 이름 그대로 만병에 효과가 있는 약초로, 민간에서는 만병통치약처럼 사용했다.

만병초는 고혈압, 당뇨병, 관절염, 간 경화, 신경통, 불임증, 축농증, 무좀 등 갖가지 질병에 효험이 있다고 한다. 피부에 흰 반점이 번지는 백납에도 특효가 있고, 균을 죽이는 힘이 강하여 습진, 마른버짐 같은 피부병을 치료하는 데도 사용한다.

만병초 달인 물을 진딧물이나 농작물의 해충을 없애는 자연 농약으로 쓸 수도 있다. 재래식 화장실에 만병초 잎 몇 개를 넣어 두면 구더기가 다 죽는다고 한다.

중국에서는 좋은 향기가 나기 때문에 칠리향(七里香) 또는 향수(香樹)라 부른다. 만주 사람들은 제사 때에 향나무 대신 만병초 잎을 태운다.

우리나라에서는 태백산, 한라산, 설악산, 오대산, 소백산, 지리산, 울릉도 등의 해발 1천 미터가 넘는 곳에서 자란다. 북한에는 백두산에 노랑색 꽃이 피는 노란 만병초의 군락이 있고, 울릉도에는 붉은 꽃이 피는 홍만병초가 있다. 생명력이 강인한 식물로 영하 30~40도의 추위에도 푸른 잎을 달고 있다.

건조한 날씨나 추운 겨울철에는 잎이 뒤로 말려 수분 증발을 억제한다. 잎과 뿌리를 약으로 쓰는데, 잎은 가을이나 겨울에 채취한 잎을 차로 달여 먹고, 뿌리는 술을 담가 먹는다.

만병초는 만병에 효험이 있는 만능의 약초이다. 고산지대에서 자라는 만병초는 위로 자라지 못하고, 땅에 엎드려 옆으로 자란다. 백두산 북파(北坡)의 천 길 낭떠러지 절벽 아래 천지 근처에도 좀참꽃과 함께 흐드러지게 피어났다. 우리는 그 꽃을 배경으로 백두산 천지를 촬영했다. 거기서 포터가 날라온 점심을 먹으며 천지 물을 떠먹었다. 뼛속까지 시원했다. 천지에 바지를 걷어 올리고 맨발로 들어가 기념사진을 찍는데 물이 어찌나 차가운지 셔터를 누르는 순간에도 참기 힘들어 빨리 찍으라고 소리쳤다.

지금도 백두산 남파에서 내려오다 만난 넓은 평원과 북파 절벽아래의 천지 근처의 만병초가 눈에 밟힌다.

러닝머신

아침에 눈을 뜨면 간단히 단전호흡을 한다. 동 주민센터에서 배운 것을 나에게 맞게 재구성했다. 이십여 분 정도 하고, 완력기와 아령 체조, 악력기와 훌라후프 등을 한다. 그러면 잠잘 때 경직되었던 근육이 이완되어 부드럽고 계단을 오르내릴 때도 수월하다.

십여 년 전, 퇴직하면서 동네 헬스장에 다닌 지 일 년 정도 되었을 때, 동 주민센터에 헬스장이 생겼다. 거기서 즐겁게 운동했다.

그러던 어느 여름날 식중독으로 초주검이 되어 잠시 쉰다는 것이 여러 해의 시간이 흘렀다. 탁구는 계속하면서도 헬스장은 까맣게 잊고 지냈다.

이년 전에 백두산에 함께 갔던 김 선생은 깔딱 고개도 거뜬히 오르고, 한나절이나 걸어서 백운봉에도 오르며 펄펄 날듯이 건강했다. 백두산 북파(北坡)에서 까마득한 천 길 낭떠러지 급경사엔 모래와 자갈이 미끄러웠다. 돌멩이가 구를까 봐 한두 명씩 띄엄띄엄 오르내리던 백두산 천지 수면에 이르는 길도 젊은이에게 뒤지지 않았다. 내년이면 산수가 되는 건강했던 그분이 허리 디스크 수술을 했다고 한다. 지금은 나아서 문학회에 나왔는데, 반가움에 요즘 무슨 운동 하느냐고 물었더니, 헬스장에 다닌다고 했다.

맞다. 바로 그거다. 나도 헬스장에 가기로 했다. 더 늦기 전에 근력 운동을 해야겠다며 전에 다니다 그만둔 동 주민센터 헬스장으로 갔다.

처음엔 윗몸일으키기를 오십 회 하기도 어려웠다. 할 때마다 횟수를 늘려나갔더니 백오십 회까지 거뜬히 하게 되었다. 그러다가 내가 맡은 송파 전국 사진 공모전 관계로 눈코 뜰 새 없이 바빠서 한 달여 못 나갔다. 요즘은 한숨 돌리고 짬이 나서 다시 시작하니 좀 힘들었지만 할 만했다.

요즘엔 도보로 십오 분 정도 걸리는 잠실역에 갈 때에 뛰어간다. 헬스장에서 러닝머신을 반 시간씩 뛰는데 바빠서 못 갈 땐 헬스장 대용으로 거리의 러닝머신을 이용하는 것이다. 그러면 어떤 이는 무슨 일이기에 그리 바쁘게 뛰어가느냐고 한다. 나는 그냥 웃으면서 뛴다. 이마엔 땀방울이 송골송골 맺힌다. 그만큼 운동 효과가 있고 시간도 절약되니 일거양득이 아니겠는가. 힘은 들어도 마음은 가볍다.

전에는 대중교통을 이용할 때 경로석에 자주 앉았는데, 요즘엔 웬만하면 앉지 않는다. 앉아서 할 일이 있을 때가 아니면 서서 간다. 서서 중심 잡는 것도 제법 운동이 되고 다리 힘이 생긴다. 전에는 에

스컬레이터나 엘리베이터를 많이 이용했는데 이즈음엔 주로 계단을 이용한다. 계단도 한 번에 두 계단씩 걷는다.

생고무처럼 탄력 있는 발바닥으로 육중한 몸을 지탱하는 코끼리 같이 쿠션 좋은 신발을 신고 뛰면 관절에도 무리가 없고 수월하다.

인생 팔십은 청춘이요, 백세시대를 준비한다는 요즘에. 건강하고 활기찬 백세 시대를 위하여 취미활동을 하고, 자기가 좋아하는 운동을 하는 것이 바람직하다고 생각한다.

헬스장에서 아령체조도 하고 훌라후프를 천회 정도 돌린다. 그러면 허리가 유연해지고 요즘 유행어로 오공비리도 사라질 것 같아 기분은 날아갈 듯 상쾌하다.

열 살 위의 사촌형이 "인생 칠십이 지나면 모두가 헛것이야" 하던 말이 생각난다. 나도 칠십이 지났지만 아직은 괜찮다. 어떤 이가 말하기를 "너도 칠십만 되어 봐라" 해서 그게 무슨 말인가 했는데 자신이 칠십이 되니까 알겠더라고 하던 말이 떠오른다.

기운이 쇠잔하여 뛰기는커녕 걷기도 힘들지 모르지만 치매나 몹쓸 병만 오지 않으면 나는 러닝머신 위를 달릴 것이다.

지팡이 등 다른 것의 부축을 받지 않고 내 힘으로 걷고 뛸 수 있도록 미리미리 힘을 길러야겠다. 오늘은 헬스장에도 가고 거리의 러닝머신도 이용하리라.

능소화

30여 년 전 처음 사진을 시작했을 때다. 충청도 어느 민속마을의 한옥 담장에 예쁘게 피어난 꽃에 반해서 셔터를 여러 번 눌렀다. 이름만큼이나 예쁜 능소화는 사진의 소재로서 제격이었다. 매크로나 망원렌즈로 배경을 흐리게 하고 주제인 꽃을 살리면 한결 돋보여 더욱 아름다웠다.

이렇게 예쁜 꽃에 슬픈 전설이 있다. 복숭앗빛 고운 뺨에 아름다운 자태의 '소화'라는 궁녀가 있었다. 어느 날 임금님의 눈에 띄어 하룻밤 사이에 빈이 되었다. 궁 안에 처소가 마련되었는데 어인 일인지 임금님은 한 번도 찾아오지 않았다. 빈은 온갖 방법을 다 동원하여 임금님을 오게 하지 않고, 순진하고 고운 심성으로 임금님이 스스로 찾아오기를 기다렸다.

다른 빈들의 시샘과 음모로 그녀는 밀리고 밀려 궁의 가장 외진 곳에 살게 되었다. 그런 음모를 모르는 빈은 임금님이 찾아오기를 하염없이 기다렸다.

혹시나 임금님이 자기 처소 근처에 왔다가 자기를 보지 못하고 그냥 돌아가지 않았는지, 발걸음 소리라도 나지 않을까. 그림자라도 비치지 않을까. 담장 너머를 바라보고 서성였지만, 안타까이 기다림의 세월은 무심히 흘러갔다. 어느 여름날 기다림에 지친 빈은 상사병으로 이승을 하직하고 말았다.

권세를 누렸던 빈이었다면 장례식도 거창하게 치렀겠지만 잊힌 구중궁궐의 빈은 "담장 가에 묻혀 내일이라도 오실 임금님을 기다리겠노라"는 유언을 남기어 장례식도 치르지 않고 담장 옆에 묻혀 버렸다.

이듬해 여름에 소화가 살았던 처소의 담장을 덮으며 주황색 깔때기처럼 생긴 종 모양의 꽃이 넝쿨을 따라 피어났다. 조금이라도 더 멀리 밖을 보려고 높게, 발걸음 소리를 들으려는지, 꽃잎을 넓게 벌린 꽃이 피어났다. 그것이 바로 '능소화(凌宵花)'다. '구중궁궐의 꽃'이라고도 부르고, 양반집 마당에만 심을 수 있었던 꽃으로 '양반꽃'이라고도 한다. 장원급제한 어사의 화관에 장식했던 꽃으로 꽃말은 '명예', '영광', '그리움', '자존심'이다.

덩굴로 크는 능소화는 세월이 흐를수록 더 많이 담장을 휘감고 밖으로 얼굴을 내미는데, 그 꽃잎이 목을 길게 빼고 귀를 활짝 열어놓은 모습이다.

한이 많아서일까, 임금님 외에는 만지지 못하게 하려는 것일까? 능소화 꽃가루는 갈고리 모양을 하고 있어 눈에 들어가면 상처를 주어 실명한다고 한다. 아름다운 장미에는 가시가 있듯이 예쁜 능소화에는 독이 있다. 오지 않는 임금님을 기다리다가 스러져간 한이 독이 되었는가.

올해 초여름, 서울 탄천 둑길을 따라 여기저기 능소화가 흐드러지게 피어났다. 평소에 눈여겨봤는데, 맑은 날에는 매연과 먼지로 생기 없는 모습이 안쓰러웠다. 비로 먼지가 씻긴 뒤에 촬영하리라 별렀다. 마침 비오는 날 오후에 우산을 받고 나섰다.

빗방울이 방울방울 매달린 능소화를, 빵빵거리며 달리는 차를 피해 한 손엔 우산을 받고 한 손으로 찍었다. 부지런한 꿀벌은 비가 오는데도 꽃을 찾는데 전설 속의 임금님은 어이하여 빈의 처소에 한 번도 찾아오지 않았을까. 기다림에 지쳐 꽃다운 나이에 스러지게 했단 말인가. 무심했던 임금님이 얼마나 야속했을까.

수백 컷을 컴퓨터에 올려보니, 흔들려서 맘에 드는 것이 없었다. 다음날 오후 빗속에서 삼각대에 의지하여 다시 찍었지만 지난 밤 비바람에 많이 떨어져서 아쉬웠다.

꽃송이가 비바람에 통째로 툭툭 떨어져 길바닥에 흩어진 꽃잎은 비련의 여인, 소화의 한이 서린 듯 애처로워 보였다.

아름다운 꽃에는 아름다운 사연이 있었으면 좋으련만 반대로 슬픈 전설이 있으니 아이러니라 해야 할까.

꽃의 여왕 장미

나는 꽃 사진을 즐겨 찍는다. 봄이면 개나리와 진달래를 시작으로 벚꽃과 철쭉을, 여름이면 장미와 목련, 연꽃과 나리꽃도 찍고, 가을이면 코스모스와 국화꽃을 해마다 찍는다. 그중에서도 단연 장미꽃을 많이 찍는다.

장미축제 기간인 지난 6월 둘째 일요일에 서울대공원 옆, 장미원에 갔다. 한창 촬영 중인데 정원사가 시드는 꽃을 모조리 잘라내고 있었다. "수고하십니다." 하고 말을 걸었더니, "고맙습니다." 하고 받는다. 사탕을 하나씩 나누어 먹으며 잠시 이야기를 나누었다. 장미 종류가 세계적으로 268종인데, 우리나라엔 66종이 있다고 한다. "저 장미는 더 둬도 될 것 같은데 왜 자르세요?" 하고 물었더니, 그냥 두면 꽃씨로 힘이 가서 꽃대가 안 나오지만, 이걸 제거하면 금방 움이 나와 핀단다. 그렇게 함으로써 한 달 이상 장미축제기간을 이어갈 수 있단다. 사람들에게 오랫동안 꽃을 보이기 위해 장미엔 잔인하지만 자르는가 보다.

사랑을 고백할 때 빠질 수 없는 꽃이 장미다. 이 꽃에는 여러 가지의 의미가 있지만, 사랑의 의미가 우선이다.

꽃말도 다양한 색깔만큼이나 많다. 빨간 장미는 '욕망, 열정, 아름다움, 기쁨, 절정' 을 나타내고, 분홍 장미는 '명예, 단순, 행복한 사랑' 을, 주황색은 '수줍음, 첫사랑의 고백' , 노란 장미는 '질투, 사랑의 감소' 를, 하얀색은 '존경, 순결, 순진' , 초록은 '천상에만 존재하는 고귀한 사랑' , 보라색은 '영원한 사랑' , 파란색은 '불가능' , 흑장미는 '당신은 영원히 나의 것' , 무지개 장미는 '꿈은 이루어진다' 를 나타낸다.

의미도 종류만큼이나 다양하다. 장미 한 송이는 '단순' , 3송이는 'I love you' , 장미 다발은 '비밀스러운 사랑을 하고 싶어요' , 20송이는 '열(10) 열(10)이 사랑합니다' , 들장미는 '고독, 소박한 아름다움' , 미니장미는 '끝없는 사랑' , 결혼식의 장미는 '행복한 사랑' , 장미 왕관은 '선행에 대한 보상' 을 의미한다고 한다.

빨간 꽃 한 송이는 왜 '이제야 내 앞에 나타난 거야' , 빨간 봉오리는 '순수한 사랑, 사랑의 고백' , 빨간 꽃 44송이는 '사랑하고 또 사랑해요' , 빨간 꽃 119송이는 '나의 불타는 가슴에 물을 부어 주세요' 라는 뜻을 담고 있다.

분홍 꽃 한 송이는 '당신은 묘한 매력을 지녔군요' , 하얀 꽃봉오리는 '나는 당신에게 어울리는 사람이에요' 하얀 꽃 100송이는 '그만 싸우자, 백기 들고 항복이야' 라는 의미가 있다.

노란 꽃 한 송이는 '혹시나 했는데 역시나 꽝이야', 4송이는 '배반은 배반을 낳는 법', 24송이는 '제발 내 눈앞에서 사라져줘', 빨강과 하얀 장미는 '불과 물의 결합', 빨간 장미와 안개꽃은 '오늘만큼은 그냥 보낼 수 없어요' 라는 의미가 있단다.

장미꽃에 대한 전설이 있다. 옛날 어느 마을에 어린 소녀와 부모셋이서 단란하게 살았다. 아빠가 일 나갔다가 사고로 영영 돌아오지 못하게 되었다. 이 마을엔 사람이 죽으면 그 집 담 밖에 가시나무를 놓아주는 풍습이 있었다. 소녀는 자기네 담 밖에 가시나무가 쌓여있는 의미를 알지 못했다.

왜 아빠가 돌아오지 않느냐고 엄마에게 물었다. 엄마는 밖에 있는 가시나무에 꽃이 필 때 아빠가 돌아올 거라고 했다. 차마 아빠가 영영 돌아오지 못한다는 말을 할 수 없어서였다.

소녀는 가시나무에 꽃이 피기를 간절히 기도했다. 이를 본 엄마는 가슴이 미어져 하염없이 눈물을 흘렸다.

아빠 대신 일 나가는 엄마는 걱정이 되어 문을 잠그고 나갔다. 밖으로 나갈 수 없는 소녀는 담장 바깥쪽에는 꽃이 피지 않았을까 궁금하여 담장에 올라갔다가 떨어져 가시에 찔려 죽고 말았다. 집에 돌아온 엄마는 하늘이 무너지는 심정이었다. 엄마는 소녀의 피가 묻은 가시덤불을 잡고 말했다. "내 뜨거운 피로 너의 줄기에 꽃을 피워주렴." 이 말을 남기고 가시덤불 속으로 뛰어들어 생을 마감했다.

그 후 피보다 진한 색의 아름다운 꽃이 피었다. 그래서 빨간 장미는 목숨 걸고 사랑할 수 있는 사람에게 주는 꽃이라고 한다.

장미의 가시에 대한 전설도 있다. 그리스 신화에 제우스신이 처음에 장미를 만들자 사랑의 신 큐피드는 아름다운 장미에 키스하려고 입술을 내밀었다. 그때 장미꽃 속에 있던 벌이 놀라 침으로 쏘았다. 이를 본 미의 여신 비너스는 큐피드가 안쓰러워 벌의 침을 빼어 장미 줄기에 꽂았다. 그때부터 장미에 가시가 생겼다고 한다.

장미 향기에는 여성호르몬을 자극하는 성분이 있어서 여성이 이 향을 맡으면 기분이 좋아진다고 한다. 장미향을 맡는 순간 그 꽃을 준 남자가 더 멋져 보이고 잘나 보인단다.

꽃의 여왕인 장미꽃으로 사랑을 가꾸는 청춘 남녀는 인생에서 가장 아름다운 장미의 계절이 아니겠는가.

연인들이 장미꽃을 배경으로 사진 찍는 모습은 아름답게 보인다. 모녀가 꽃을 배경으로 사진 찍으며 깔깔대는 딸의 모습도 보기 좋았다. 그럴 때 나는 자청하여 그들의 사진을 찍어준다. 그러면 내 마음도 덩달아 즐거워진다.

김 의 배

〈한국수필〉 등단. 한국수필가협회 운영이사 · 편집차장. 한국수필작가회 이사. 한국문인협회 회원. 송파문인협회 이사. 미리내수필문학회 부회장. 송파구사진작가회 회장. 한국사진작가협회 보도사진분과 부위원장 · 촬영지도위원. 실버넷뉴스 기자(복지환경부 부장). 송파문화원 이사. 사진집『한국의 사계 그리고 해외여행』. 수필집『고향의 푸른 동산』 e-mail:saesaem@hanmail.net

길, 길, 길

-밴프로 가는 길

김 주 안

이튿날은 비가 내리기 시작했다. 어제 보았던 높은 산봉우리들은 구름에 가리고 사방은 온통 습습하다. 이곳 크로싱(Crossing)은 서스캐치원 빙하에서 시작된 노스 서스캐치원 강이 흐르는 곳으로 남으로 레이크 루이스 가는 길과 동으로 11번 고속도로의 분깃점이다.

수천 년 전부터 원주민들이 이 강기슭에서 사냥을 하고 야영을 하며 살아왔고 19세기에는 모피 무역의 중요한 루트였다. 모피상 데이비드 톰슨의 활약상이 이곳에서 꽤 유명하다.

상록수 숲을 지나면 강기슭에 크로싱의 역사와 지형을 설명하는 안내판이 여행객들을 기다리고 있다. 에니스, 아르벨, 이사도르, 파울 데이비드 같은 원주민 추장들의 사진이 전설처럼 걸려 있다.

이곳은 크로싱이라는 이름이 말하듯 길과 길도 만나고 사람과 사람사이도 소통되는 여러 길이 열려 있다. 과거로 가는 길도 있고 동으로 또는 남으로 북으로 오르고 내리는 길도 이곳 위에 있다.

내게도 한때 이 많은 길 위에서 대책없이 서성인 적이 있었다. 목표물도 정하지 못한 채 아무 길도 보이지 않는다고 그 넉넉했던 시간을 그냥 흘렸다. 이십대를 목마르게 건너가고 있는 딸아이가 바로 그때의 내 모습이다. 그 딸아이가 지금 밴프에 있다. 그래서 우리는 밴프로 가는 중이다.

보우 서밋(Bow Summit)을 가까이 다가서자 비는 어느새 눈으로 바뀌었다. 온 세상이 하얀 설국이다. 이 전망대는 무려 해발 2067m 라고 하니 백두산이나 한라산 보다 높다. 일찍이 9월부터 내리기 시작하는 눈은 이듬해 4월까지 계속 된다고 한다. 그런데 5월에도 내리다니 기이하다. 하긴 예전에도 6월 하순경이었는데 눈을 맞았던 기억이 있다.

보우 서밋에서 내려다 볼 수 있는 페이토 호수가 있다. 1900년대 초, 캐나디안 로키 지역 가이드로 활약했던 페이토가 자신의 이름을 따서 불렀다는 호수다. 앞선 몇몇 여행객들을 따라 숲 속으로 들어섰다. 내리는 눈은 이 세상의 모든 길들의 경계를 지워버린 듯하다. 페이토 호수라는 목적지를 정했건만 허벅지까지 차오르는 지독한 눈을 도저히 감당할 수가 없다. 더 이상 발걸음이 떼어지지 않는다. 앞서거니 뒤서거니 하던 여행객들이 순전히 눈 때문에 허둥대며 되돌아나왔다. 오늘은 페이토 호수로 가는 길이 막혀버렸다.

다음날 딸아이가 속해 있는 그룹들과 다시 이 보우 서밋을 찾았을 때는 어느새 두툼한 눈길이 나 있었다. 어제의 무채색 표정과는 달리 뽀얀 눈 위로 내리는 햇살에 숲은 반짝거렸다. 천진하게 쏟아지는 아이들의 웃음도 그렇게 반짝거렸다. 칼든산과 패터슨산 사이에 평화롭게 내려앉은 페이토 호수. 토사와 빙하가 계절과 섞이면서 천상의 물색을 만들어 낸다는 페이토. 봄부터 가을까지는 에메랄드빛, 겨울이 오면 비치색으로 조화를 부려 인간이 범접할 수 없는 천연의 물색. 오늘은 무심하게도 그 물색을 깊은 얼음 밑으로 숨긴 채 무덤덤하다.

5월 말경에 눈이 온다고 생각해 본 적이 별로 없다. 짧은 치마를 입고 눈밭을 겅중겅중한 걸음으로 앞서는 딸아이를 뒤따르며 생각해 낸 것이 5월에도 눈이 온다는 사실이다. 마치 막힌 길이라도 만난 듯 허둥대던 딸아이를 내가 미처 몰랐던 5월에 오는 눈 때문이라고 마음의 가닥을 잡는다. 눈을 들어 멀리 로키의 설산들을 바라보니 마음이 시큰거린다.

보우 서밋을 내려오니 보우강 가에 있던 붉은 색 지붕을 인 라지가 기억을 일깨운다. 1920년대, 캐나다 로키의 가이드로 활약한 지미 톰슨(Jimmy Thomson)이 지은 넘티야 로지(Num-Ti-Jah Lodge)다. 보우강은 재스퍼에서 밴프까지 93번 아이스필드 파크웨이를 가는 동안 오른쪽으로 구불대며 오랫동안 따라온다. 보우는 원주민 언어로 '활' 이란 뜻이다. 마릴리 몬로가 주연했던 영화 〈돌아오지 않는 강〉 촬영지로도 유명하다.

깊고 어두운 날씨 탓인지 시간은 흐르는 것도 잊은 채 한눈을 팔고 있는 것 같다. 구름안개는 산 아래까지 허리를 펴고 강을 덮고 있는 거대한 얼음 위로는 적막만이 두텁다. 빨간 점퍼를 입고 붉은색 지붕을 인 라지를 배경으로 느릿느릿 기념사진을 찍었다.

레이크 루이스는 11년 전 노란 민들레 밭의 기억을 합친다면 네 번을 만났다. 그때 빨간색 점퍼를 샀던 샘슨 몰에 들려 오늘은 커피를 하기로 했다. 한적하다고 기억되던 샘슨 몰이 오늘은 이층으로 증축되어 여행객들로 꽤 붐빈다. 여행을 하는 내내 그러했듯이 빵 한 조각과 커피 한 잔으로 늦은 점심을 했다.

잔뜩 흐린 하늘을 이고 있는 레이크 루이스는 곳곳에 쌓인 눈더미와 호수를 뒤덮은 얼음과 소매 끝을 파고드는 찬바람 일색이었다. 유네스코가 정한 세계 10대 절경 중 하나라고 하지만 예전에 상큼하고 깨끗한 절경은 왠지 흐려 보인다. 호수는 반쯤 얼어붙어 침묵하고 있고 둘러쳐진 빅토리아 산은 엄숙하다.

다음날 딸아이 그룹들과 다시 찾았을 때도 매서운 바람 때문에 모자끈을 단단히 매야 했다. 찬바람을 피해 호텔 페어몬트 샤토 레이크 루이스에 들어섰다. 커피 라운지의 타원형 창은 레이크 루이스를 따뜻하게 내다보고 있다. 실내는 세계적인 명성을 만나러 온 여행객들로 들썩인다.

요호국립공원으로 넘어가던 날, 네 번째 만남을 가진 날은 햇살이 화창했다. 그러나 바람은 잦아들 줄 모르고 여전히 맵다. 호숫가를 거니는 것조차 허용하지 않을 냉엄한 표정을 짓는다.

그래도 우리는 차곡차곡 환상을 쌓아놓은 밴프로 가고 있다. 밴프에는 서걱이는 그리움이 있을 것이고 빛나는 풍광이 반길 것이다. 막힌 듯 보여 허둥대던 길은 어느새 열려 있었고 무덤덤한 목표물을 만나고 되돌아 나오긴 했지만 길은 그렇게 이어졌다.

5월에도 눈은 내리고 시간도 때로는 한눈을 파는 것을, 대책없이 여러 길을 서성일지라도 결국 한 길로 내몰리게 되는 것을, 그것이 우리네 인생의 길인 것을 오늘 밴프로 가는 길 위에서 다시금 깨닫는다.

서걱이던 그리움과 빛나던 풍광
-캔모어에서

숙소가 있는 캔모어에 도착했을 때 오후의 느린 해는 아직 중천에 떠 있었다. 계절은 5월 끝자락인데 마당에도 지붕에도 한겨울만큼의 눈들이 수북하다. 창밖으로 보이는 지붕들이 겨울동화에 나오는 풍경들이다.

캔모어는 밴프 국립공원 동쪽에 있는 작은 마을이다. 로키로 오기 전부터 아들은 밴프보다 더 동화 속 같은 마을이라고 몇 번을 일러주는 목소리가 들떠 있다. 친구들과 이곳 교회에 다녀간 적이 있다면서 마을에 대한 기대감을 잔뜩 부풀린다.

숙소부터 우선 마음에 든다. 벽난로에 불을 지피자 거실과 주방이 금방 훈훈해진다. 이층으로 올라가는 계단을 따라가 보니 침실과 화장실이 하나 더 있다. 일반 숙소가 아니라 친지댁에 묵으러 온 것 같다.

로키에서 첫밤을 보냈던 미엣트 핫스프링에서는 원룸 형태로 되어 있었다. 좁은 주방과 거실, 그리고 뒤쪽으로 트윈침대가 놓여진 침실이 고작이었는데 그래도 다행이었던 것은 부엌이 있었다는 것이다. 크로싱에서는 만만치 않은 가격을 지불했는데도 트윈침대에 화장실이 전부였다. 불을 지피는 것은 금지되어 있어 전기밥솥을 이용하여 저녁과 아침을 겨우 해결하였다. 이곳 캔모어에서 사흘 밤을 계획하고 왔는데 맘에 든다는 이유로 자작나무 숲 속에 있는 이 숙소에서 결국 하루를 더 묵게 되었던 것이다.

짐을 풀고는 아들은 밴프에 있는 딸아이를 픽업해 왔다. 몇 달 만에 본 딸아이의 이마가 반짝반짝 빛이 나고 있었다. 밴프를 향해 서걱이던 그리움과 빛나던 풍광이 딸아이의 눈과 이마에서 반짝거리고 있었던 것이다. 머나먼 이국땅, 생뚱맞은 곳에서의 만남은 아무리 생각해도 신기루 같다. 우리 네 식구는 길어진 오후를 마저 쓰기 위해 숙소를 나와 다운타운으로 들어섰다.

캔모어는 여름이 되면 Artspeak를 비롯한 다양한 전시와 공연 등이 열리는 축제로 가득하다. 거리에 인파로 붐비는 그림들을 보아 왔는데 바람의 끝이 차서 그런지 아직 텅 비어 있다. 로키에 들어온 이후 며칠 동안을 호수와 산과 눈만 보아왔다. 이맘 때 쯤엔 사람 구경을 하고 싶다는 생각이 들었다. 겨우 찾아 낸 곳이 짧은 햇살을 즐기려고 노천 카페에 모여든 사람들이 고작이었다. 축제에 열광하던 그림 속의 사람들은 5월 하순엔 모두 부재 중이다.

겨울이 길고 여름이면 낮이 긴 이 나라에서는 짧은 여름동안 갖가지 축제가 끊임없이 열린다. 이곳 앨버타주에서만도 여름만 되면 다양한 장르들이 모여 세계적인 축제를 열고 이를 즐긴다.

거리 한 귀퉁이에 2011년 7월 30일부터 8월 1일까지 개최되는 〈캔모어 포크 뮤직 페스티발〉 티켓 파는 곳을 알리는 포스터가 눈에 띄었다. 〈캔모어 포크 뮤직 페스티벌〉은 앨버타 주 음악축제 가운데 가장 유서가 깊고 다양한 장르의 음악가들이 모여 마을을 온통 들썩이게 한다. 캔모어의 여름은 그래서 더 뜨거운 것이다. 거리 위에 나부끼고 있는 축제와 레포츠 등을 알리는 캐릭터들이 뜨거운 여름을 진지하게 기다리고 있는 표정들이다.

어디에 눈을 두어도 캔모어는 설산들이 마을을 내려다보고 빙 둘러 서 있다. 예전 소시적 미술시간에 도화지 윗부분에 제일 먼저 그린 것이 끝이 빼족하게 올라온 삼각형 모양의 산이었다. 산 아래는 집이 있었고 시냇물이 흘렀고 들판에는 꽃이 피었었다. 오랫동안 잊고 있던 내 소시적 도화지 속의 그림을 이곳에 와서 다시 만난다. 낮으막한 지붕 위로 높이 솟은 산들이 왈칵 반가워진다.

시장기가 돌자 저녁 준비를 위해 마트에 들렀다. 이것저것 먹을거리를 고르는 동안 딸아이는 유난히 연어를 찾는다. 훈제에 곁들여 먹을 소스와 한국에 비하면 그리 비싸지 않은 살이 붉은 연어를 카트에 담았다. 스테이크로 구울 신선한 알버타 쇠고기와 샐러드용 야채, 그리고 베이커리 진열대로 가서 갓 구워낸 크라상을 샀다.

닥터 지바고와 라라가 시베리아 설원에 있는 어떤 외딴집에 갇혀서 식사를 하는 장면이 나온다. 그 시베리아 설원의 배경이 된 곳이 캐나다 로키의 콜롬비아대빙원이다. 쓸쓸하고 황량하다 할 것이지만 따뜻한 불빛과 사랑하는 이의 눈빛이 모여 있는 훈훈한 풍경은 이 영화의 하이라이트였다. 오래전에 본 영화이지만 이런 풍경이라면 눈 속에 얼마든지 갇혀도 좋다는 생각을 했었다.

오랜 만에 한 식탁에 둘러앉은 우리 가족은 대책없이 쏟아지던 눈 속에도 갇히고, 낯선 이국 땅 그것도 이 로키 산중에 있는 캔모어라는 작은 마을에도 갇혀버린 듯하다. 벽난로의 온기를 적셔가며 딸과 남편은 연어구이를, 나와 아들은 스테이크를 달콤한 소스에 찍어가며 오붓하게 즐겼다. 자작나무 숲을 내다보며 캔모어에서 즐겼던 그 저녁 식사는 이번 캐나다 여행의 하이라이트였다.

서걱이던 그리움의 정점이면서 한없이 빛나던 풍광이었다.

밴프, 그 맑고 빛나는

스치고 지나갔던 동화 속 풍경, 이름만 들어도 가슴이 뛰던 마을이었다. 족히 수천 미터는 넘을 높다란 설산들이 둘러서서 정겹게 내려다보던, 길가로 늘어선 키 낮은 빌딩들의 다양한 표정이 내 가슴 안에 빛났던 마을. 로키의 자연이 만들어내고 사람들이 지켜가는 곳, 밴프였다.

밴프는 세계적인 명성을 얻고 있는 타운인만큼 오가는 관광객들이 캔모어에 비해 다소 많았다. 날렵한 몸매를 가진 런들산과 밴프의 뒷동산이라 불리는 터널산, 북쪽으로 카메라를 두면 어김없이 밴프의 배경이 되는 캐스케이드산, 곤돌라가 설치되어 정상까지 손쉽고 오를 수 있는 설퍼산, 남쪽으로는 보오강까지 타운을 둘러 흐르고 있어 관광지로서 천혜의 요새다. 로키에서 일주일을 머무는 동안 밴프는 우리 가족의 발목을 5일 동안이나 잡았다.

밴프의 동쪽으로 바람막이처럼 서 있는 터널마운틴 리조트에 딸아이의 숙소가 있었다. 외관은 산모양으로 설계한 듯 한데 내 눈에는 동화나라 스머프들이 사는 집 같다. 지붕이 거의 바닥까지 내려오고 지붕 속에 창문이 나 있다. 안으로 들어오니 시가지를 내려다볼 수 있는 넓은 창이 일품이었다. 부모님이 러시아 선교사로 있는 딸아이 친구가 직접 그린 캘리들을 들춰보인다. 바쁜 일정을 소화해 내면서 틈틈이 작업한 카피와 캘리가 노트마다 빼곡하다. 반짝반짝 빛나는 눈으로 딸아이는 열심히 친구 자랑을 한다. 단단해지고 여물어진 모습이다.

밴프에 머무는 동안 현지교회인 Full Gaspel Church에서 예배를 드렸다. 찬양인도를 하는 지휘자가 눈물을 흘리며 찬양하는 모습이 감동의 바이러스가 된다. 설교는 통역이 있었고 찬양은 언어만 달랐지 익히 아는 곡들이다. 프로젝트 화면에 가사가 있어 그리 낯설지 않은 예배였다. 빵과 샐러드로 점심을 준비하는 교회가족들이 밝고 활기차다.

오후에는 딸과 함께 캠프에 참여했던 한국아이들이 가라지 세일을 한다며 마당에서 분주하다. 시내 곳곳에 포스터를 붙이는 것으로 광고가 된 셈이다. 이곳은 이러한 가라지 세일이 생활 속에서 자연스럽게 자리잡고 있다. 가라지 세일은 집에서 안 쓰는 물건을 차고에 진열해 놓고 파는 데서 유래가 되었다. 이곳 교회마당에서는 멤버들이 각자 한두 가지 씩 기부한 물건들을 팔아 여기서 나온 수입금은 전액 선교단체에 기부한다고 한다.

전날은 이 맴버들과 동행하여 페이토 호수와 레이크 루이스, 모레인 레이크 등을 돌아보고 보 밸리 파크웨이를 거쳐 밴프로 다시 돌아왔다. 보 밸리 파크웨이는 밴프와 레이크 루이스를 연결하는 구국도로 트랜스 캐나다 하이웨이가 개통되면서 한적해진 길이다. 기찻길을 따라 구불구불 놓여진 이 길에서 산책을 나온 흑곰 가족을 만날 수 있었다. 새끼 곰 두 마리를 대동하고 나타난 어미곰이 도로가로 내려오려다 지나는 차량 소리를 듣고는 쏜살같이 숲 속으로 들어가 버렸다. 재빨리 카메라 셔터를 눌렀지만 그리 선명하지 못하다.

로키에서 만나는 야생동물들은 심심한 재미다. 모레인 레이크, 존스턴 협곡에서 만난 친절한 다람쥐, 피라미드 호수를 돌아나오는데 마중 나온 어미 사슴, 밴프 바비큐 장 근처에서 풀을 뜯고 있던 엘크, 떼지어 모여든 청둥오리, 멀린 레이크에서 테이블 위로 빵을 올려놓자 잽싸게 낚아채어 날아가던 긴 꼬리를 가진 흰머리 새. 딸아이가 묵고 있던 '맥·도·날·드' 라고 이름 지은 네 마리 사슴. 이 터널산에서 사슴 중 가장 덩치가 큰 엘크를 가까이에 두고 본 적도 있다. 정확한 이름은 와피티 사슴이라고 한다. 가끔 이 산 도로에 사슴이나 산양들이 포진하고 있는데 그럴 때면 이들이 스스로 길을 비켜 줄 때까지 기다린다. 로키의 야생동물들이 특이한 것은 사람들을 무서워하지 않는다는 것이다. 이곳 지역의 특성을 잘 알고 생존본능의 촉수를 아예 내려놓고 있는 모양이다.

바비큐를 하고자 하던 날은 오전에는 밝은 햇볕이었는데 오후에는 비가 내리기 시작했다. 화덕에 장작을 넣고 불을 지핀다. 신선한 알바타 쇠고기가 갖은 양념으로 무쳐져 불판 위로 얹어지고 연기를 내며 익어간다. 십여 년 전, 미네완카 호수로 가는 바비큐장에서 어둑해질 무렵까지 고기를 구워먹다가 무진장한 모기를 만났다. 모기들이 달려들어 모기 고기(이곳 모기는 워낙 덩치가 커서 붙인 이름)와 같이 먹던 생각이 불현듯 떠오른다. 잠시 비가 그치자 바비큐장 근처에 야생오리무리가 줄지어 나타났다. 멀리 개울 너머에는 엘크가 열심히 풀을 뜯고 있다. 어디를 보아도 느릿한 평화다.

아직은 한산한 밴프 다운타운을 느릿한 걸음으로 걷는다. 그러다가 마트에 들어가 저녁 장을 본다거나 팀홀튼을 만나면 핑거 도너츠에 커피를 시킨다. 편안한 숨을 쉬면서 창 너머로 가득한 한없이 투명한 평화와 눈부신 설산들을 마주한다. 커피 바에 앉아 재스퍼를 향해 달리는 기차소리도 가끔 듣는다.

남쪽으로는 보강이 타운을 감싸안고 흐른다. 보강을 건너면 보폭포를 볼 수 있는데 이곳에서 '돌아오지 않는 강' 에서 보트를 타고 폭포에서 떨어지는 장면을 찍었다고 한다. 높이가 얼마 되지 않아 폭포라고 하기엔 규모가 작지만 영화 때문에 더 유명해진 듯하다. '보' 란 활이란 뜻인데 이 강 주변에 예전 원주민들이 활을 만들기 위한 나무들을 베었다고 해서 붙여진 이름이다. 이 보강 가를 따라 거닐다보니 내장까지 깨끗해지는 기분을 느낀다.

미네완카 호수는 원주민들의 전설 속에 '죽은 자들의 영혼이 만나는 곳' 이라고 한다. 계절은 봄인데 불어오는 바람은 아직 겨울의 끝자락을 벗어나지 못해 크루즈를 타는 선착장은 한산하기만 했다. 투잭 레이크 쪽으로 이동을 하다보면 미네완카 호수의 빛나는 풍광을 볼 수 있는 곳이 있다. 사람들은 잠시 자동차를 멈추고 그 풍광 속으로 빠져든다. 미네완카 호수는 밴프 국립공원 안에 있는 4백여 개의 크고 작은 호수 중 가장 크다. 수력발전을 위해 인공으로 만들어진 호수로 3천여 미터가 넘는 산봉우리들이 만들어낸 협곡 사이로 채워진 담수량은 거대하다. 원주민들이 살던 마을들이 이 호수 속으로 수장되었다. 그래서 죽은 이들의 영혼이 떠돌아다니다가 만나는 곳이라는 말이 아마 인공호수가 조성되면서 나온 말이 아닐까 생각된다.

한때 호수바닥에 살면서 사람들을 잡아먹었다는 식인인어의 전설도 있다. 낚시꾼과 사랑에 빠졌던 인어가 실연을 당하자 목소리로 사람들을 유인해 익사시켰다는 것이다. 이 인어의 유골이 발견되었을 당시 뱃속에는 사람의 시체가 들어있었다는 믿기지 않는 전설은 거대한 자연 앞에 나약한 인간의 모습을 여실히 느끼게 한다.

내 기억 속에 고요한 풍경으로 항상 머물고 있던 투잭 레이크에서 자동차를 정차시켰다. 저온 탓인지 호수 주변에 있던 나무들도 크게 자라지 않았고 오히려 예전 사진에서 보이던 키 작은 파인트리들이 몇몇은 보이지 않았다. 시애틀에서 왔다는 젊은 한국인 부부가 반짝이는 물빛을 이고 서 있었다. 동족의 반가움에 사진을 찍어주며 인사를 건넨다. 주위에는 또다른 인적이 없다. 오늘도 투잭 레이크는 내 기억 속에서 고요한 풍경으로 덧칠해진다.

캘거리 문우가 추천해 준 존슨 레이크에는 눈부신 햇빛이 가득 했다. 호수위로는 고요한 평화가 가득 들어차 바람을 밀어내고 있었다. 느릿한 걸음으로 산책로를 따라 발걸음을 옮긴다. 초록과 파랑을 제대로 구분하지 않았던 어린 시절로 돌아가 호수와 하늘과 나무의 색깔을 모두 푸르다라고 한다. 맑고 푸른 세상을 눈에 가득 담는다. 푸른 세상 한가운데로 쏟아져내리는 햇볕을 온몸으로 즐기고 있는 호숫가 벤치가 있었다. 벤치에 걸터앉아 종아리를 파고드는 바람의 끝이 견딜 만큼 차다라는 생각을 한다. 장난기가 발동하여 아들의 종아리를 슬쩍 건드린다. 의외로 따뜻하다. 기겁을 하면서 피했지만 카메라 렌즈는 순간 작동하여 결과물을 여지없이 내놓았다. 마치 다정한 모자의 포즈를 하고 있는 것처럼. 나는 이 사진을 친절한 모자의 전형으로 사방에 두루 사용했다.

보밸리 파크웨이를 따라 가다보면 존스턴 협곡이 나온다. 빙하가 녹아내리면서 과감한 손길로 빚어낸 작품이 존스턴 협곡이다. 입구부터 족히 수십 미터는 넘을 파인트리가 하늘로 치솟아 있다. 거대한 숲에 비해 두 사람의 그림자는 짧기만 하다. 때로는 혼자이기도 하다가 어느 때는 어깨동무를 하고, 또 눈을 흘기기도 하면서 우리는 한가족으로 살아왔다. 남남으로 만나 부부(夫婦)가 되고 아들로 나타나 부자(父子)가 되는 인연의 끈을 오늘 이 숲 속에서 새삼 다시 생각해 본다. 거친 협곡을 오르다 보면 정점이 되는 곳이 로어폭포와 하이폭포다. 기세좋게 내리는 물줄기가 긴 겨울잠을 자고 있는 로키를 여지없이 깨우고 있다. 그러면서 온몸으로 외쳐대며 끊임없이 뭔가 이르고 있다. 나도 부서지는 폭포수를 바라보며 한가족이라는 인연이 눈물겹도록 가슴이 터질 것 같다고 외치고 싶었다.

캘거리로 향하는 길이다. 〈문예비전〉으로 인연을 맺은 한 시인이 캘거리에 산다. 한인 마트에 들러 캠프 아이들의 간식거리를 준비하고 햄버그 집에서 점심을 하는 동안 부부가 마중을 나왔다. 차 한 잔을 하기 위해 굳이 집으로 향했다. 손수 구웠다는 빵과 조금의 과일 그리고 따뜻한 차 한 잔이 여행의 피로를 말끔히 씻어 주었다. 거실을 둘러보니 남다른 그림 솜씨를 발견하였다. 여러 작품들이 거실 곳곳을 장식하고 있어서 카메라 렌즈를 갖다 대었다. 여기서도 또다른 고운 인연을 만나 가슴이 먹먹해진다.

캘거리는 십여 년 전에 이틀 밤을 묵은 기억이 난다. 한 한국인 식당에서 불고기로 점심을 했다. 야채를 더 주문하다가 익혀먹지 않는 민족은 야만인인데 한국인이 그렇다며 야만인 소리를 들었다.

나중에 알고 보니 알버타 주는 주로 목축이 많아 채소를 수입하다 보니 고기보다 비쌌다. 그렇다고 설명을 해 줄 일이지 동족끼리 야만인 운운하는 것은 지금 생각해도 유쾌하지 못한 일이다.

한번은 한밤중에 세 문우가 사라졌다. 가이드가 주선한 노래방을 가고 싶다하여 반인솔자였던 나는 이들을 대동하고 자정까지 함께 하였다. 자정쯤 채근하여 숙소로 돌아왔는데 잠시 후 같은 룸메이트가 황급히 문을 두드린다. 이들이 또다시 사라졌다는 것이다. 나머지 문우들을 모두 깨우고 낯선 땅에서 무슨 사건이나 난 것처럼 소동이 일어났다. 새벽 6시가 되자 부스스한 얼굴로 이들이 나타나자 안심은 되었지만 이들을 선동한 여행사 사장에게 거센 항의를 하였다. 지금 생각하니 이는 캘거리 현지가이드의 접대방식을 이해하지 못해 일어난 일종의 해프닝이었다.

한밤을 더 늘려가면서 우리를 머물게 했던 밴프, 어둡고 긴 터널을 빠져나오니 맑고 빛나는 풍광이 그곳에 있었다. 맑고 빛나는 풍광을 마주한 순간, 그 풍광 속으로 들어가는 길을 찾아냈다. 소통하는 길도 알아냈고 후회와 회한 끝에 질긴 사랑이 있다는 것도 발견하였다. 그래서 여행은 누군가 오래 닫아두었던 마음에 열쇠를 대는 일이라고 했던가. 그렇게 밴프는 또다시 내 인생에서 오랫동안 가슴을 뛰게 할 것이다.

이제는 로키를 떠나도 충분했다. 트랜스 캐나다 하이웨이에 들어서니 성곽같은 캐슬산이 오른쪽으로 슬금슬금 다가온다. 곧 이내 몸을 흔들며 멀어지자 자동차는 어느새 로키에게 손을 흔들며 작별을 고하고 있었다. 아들은 오늘 도착할 켈로나에도 빛나는 얼굴이 있다며 열심히 엑셀을 밟는다.

김 주 안

경희대 언론정보대학원 졸업. 〈한국수필〉 등단. 문예비전 편집국장. 미리내수필문학회 회장. 동대문문인협회 사무국장. 동대문구청 소식지 심의위원. 경희문인회 · 한국수필작가회 회원. 2006년 문예진흥기금 수혜. 수필집 《낙지 코 고는 소리》

E-mail:munvi22@hanmail.net

동백꽃 다섯 송이 외 1편

김 지 현

삼월인데도 몹시 더웠던 워싱턴에서 돌아왔다. 전국은 지방선거의 열풍에 휩싸여 누가 옳고 그르고 누가 이기고 지느냐의 싸움이 이어지고 있었다. 마중 나왔던 남편은 그 다음 날로 부리나케 부산으로 내려갔고 나도 곧 뒤따라갔다. 내려간 김에 큰형님을 찾아뵙기로 했다.

작년 겨울 친정아버님이 돌아가셨을 때 문상 왔던 조카들에게서 형님 소식을 들었다. 병원에 자주 입원하더니 아무래도 오래 사시지 못할 것 같다고 하여 한 번 찾아뵈어야겠다고 마음먹고 있었다. 동서 간이지만 나와는 나이 차이가 크게 나서 그 흔한 동서 간의 시샘도 없었다. 아주버님께서 돌아가시고 난 뒤에도 커다란 집을 혼자서 지키고 있었다.

형님댁의 가파르고 긴 계단을 올라갔을 때 마당 한켠에 붉은 동백이 피어 있었다. 매운 꽃샘바람이 부는 사월의 날씨인데도 윤이 나는 잎사귀며 애기 주먹만 한 꽃이 가지에 소담스럽게 붙어 있었다. '동백이 아직도 피어있네요' 하는 인사에 '이쁘냐' 하며 힘없는 웃음을 지었다. 예전의 여장부 같은 모습은 어디에도 없었다.

결혼할 무렵, 나는 몸이 무척 허약했다. 연말의 추운 겨울에 맹장수술을 하고 설상가상으로 독감까지 걸려서 회복이 느렸다. 혼기가 찬 딸이 아프니 속상하던 어머니는 명절 인사차 온 분한테 어디 좋은 혼처가 없느냐고 물었다. 그 말 한마디에 그만 내 인생행로가 결정되었다. 그분은 형님하고 친하던 분이었다.

나의 이상형은 키가 훤칠하게 크고 헐리웃 스타를 닮은 미남형이었다. 내 키가 작은 탓도 있지만 소녀의 꿈을 꾸고만 있었던 때였다. 그때는 스물다섯이면 처녀나이로 환갑이라고 했다. 내색은 하지 않았지만 속으로 은근히 걱정이 되었다. 이상형은 아니지만 궁합이 좋다는 집안 어른의 성화에 못 이겨 결혼하기로 결심했다.

나이만 들었지 철부지인 내가 시어머니를 모시고 시집살이를 하였다. 그래서 그런지 동서 간의 다툼도 없었고 은근히 내 편을 들어주었다. 다정한 성품은 아니었지만 큰 언니 같았다. 다른 이에겐 무섭게 보였겠지만 나는 그 성품을 이해하려고 했다.

사업하는 아주버님의 일을 많이 도와드렸고 여사장이라 불릴 정도로 당찬 성격은 남자들도 상대하기가 어려웠다. 그리 넉넉하지 못한 집으로 시집와서 고생하며 큰 재물도 이루어 내었다. 키가 큰 형님과 그보다 약간 작은 아주버님의 러브 스토리를 들었을 때는 대개가 중매결혼을 하던 때이니만큼 다소 의외였다. 버드나무 가지가 늘어뜨려진 우물가의 이야기는 두 분의 금슬을 보면 이해가 되었다. 예나 지금이나 사랑이란 마음과 마음의 만남이란 것에는 변함이 없었다. 명절이나 제사 때, 집안의 대소사를 처리하는 형님에게서 많은 것을 배웠다.

서울로 이사를 온 뒤 어언 삼십여 년이 흘렀다. 그래도 항상 옆에서 자주 뵙는 듯했다. 세월은 나이를 속일 수 없는지 어쩌다 만나게 되면 한 해 한 해 달라지는 외모에 어떤 땐 체념하는 말도 하였다. 지금은 야윈 손목에 지난 세월의 당당함은 스러지고 말았다. 어떤 말로도 위로가 되지 않음을 알고 있는 듯했다. 더 많은 시간을 함께 하고 싶었다.

큰 집에 홀로 계시는 것에 익숙해진 탓인지 의연했다. 말주변이 없는 나지만 다음에 시간을 넉넉히 내어 하룻밤이라도 자고 가겠다고 약속했다. 내 손으로 약도 드리고 한 끼의 식사라도 꼭 챙겨드리고 싶었다. 말벗도 되어주며 어려워서 못다 한 이야기도 하고 싶었다. 같이 할 시간이 얼마 남지 않았다는 것을 느끼고 다음에 빨리 오겠다고 약속하고 나섰다. 마당에 핀 동백이 유난히 붉어보였다. 형님은 아무 말 없이 화단으로 다가가더니 꽃가지를 꺾었다. 내 손안에는 동백 다섯 송이가 탐스럽게 쥐어졌다. 어쩐지 다시 볼 수 없을 것만 같다는 생각이 들자 순간 눈앞이 흐려졌다. 인사하며 돌아서는데 눈물이 흘러내려 뒤돌아 볼 수가 없었다. 외로움이 등 뒤로 쏟아지는 가파른 계단을 내려오는데 지난 시간들이 섬광처럼 스쳐 지나갔다. 그리고 몇 달 뒤 부음을 들었다.

올해는 유난히 크고 작은 일들에 정신없이 바빴고 예상외로 투병생활을 잘하고 있다는 소식에 마음을 놓고 있었다. 연이은 부음을 듣고는 가는 길은 예고도 없다는 말이 생각났다. 다시 오겠다는 약속을 지키지 못해 죄송한 마음이 아려왔다. 이제 주위에 한둘 씩 떠나고 멀지 않아 내 차례도 오겠구나 하는 생각에 가슴이 먹먹해졌다.

지금도 손안에서 탐스럽던 동백꽃이 온기를 품고 있는 듯하다. 추운 겨울을 견뎌내느라 빨간 멍이 든듯한 꽃이, 찬바람에 부대끼면서도 반짝이던 두꺼운 초록 잎사귀가 어려운 세월을 잘 이겨내며 살아온 형님과 어딘지 닮은 것 같다. 손에 쥐어주던 다섯 송이의 동백꽃은 무뚝뚝하지만 마음속 깊은 정을 내비친 형님의 마지막 선물이었다.

달동네 블루스

오늘은 최저 기온이 영하 13도를 오르내렸다. 갑자기 뚝 떨어진 날씨에 덩달아 눈까지 내려 꼼짝없이 집안에 갇히게 되었다. 햇볕이 잘 드는 창가에서 앙상한 가지에 눈을 입은 키다리나무들만 바라보고 있었다. 아무리 춥다지만 그냥 있기가 답답하여 장도 볼 겸 외출차비를 했다. 두꺼운 옷을 껴입고 장갑도 끼고 바퀴달린 빨간 장바구니를 끌고 나섰다.

얼마 전까지 살던 단독주택을 전세주고 지금의 아파트로 이사를 했다. 공기가 맑고 남편이 출퇴근하기에 좋은 곳을 고르다가 이곳으로 왔다. 그때는 한창 무르익은 가을이어서 앞산의 빨간 단풍과 푸른 소나무의 절묘한 어울림에 끌려 선택한 곳이다. 십여 년의 단독주택 살림살이는 자질구레한 것들부터 마당에 난 풀 뽑기까지 매일 매일이 일의 연속이었다. 건강이 좋아질 때까지 편리한 아파트로 옮기기로 했다. 산중턱에 있어서 맑은 공기와 조용하다는 점은 좋았지만 교통이 불편하다는 것이 문제였다. 가족들한테는 미안했지만 이번에는 내가 우겼다. 가파른 산을 깎아서 층층이 집을 짓고 조경을 아름답게 하여 높은 아파트라도 자연 속에서 사는 느낌이 났다.

완만하게 곡선을 그리며 내려가는 길에는 흔한 아스팔트가 아닌 네모난 돌들을 조그맣게 박아 놓았다. 비탈길에 미끄러질까봐 여러모로 고심한 흔적이 곳곳에 보였다. 굴곡이 있는 돌들을 골라서 걸었다. 밤사이 내린 눈들은 그새 잽싸게 치워서 한곳으로 몰아 놓았다. 단독주택에서 살 때 눈이 오면 아픈 허리를 구부리면서 눈을 긁어모으던 생각이 났다. 남이 보기엔 낭만적이었지만 나에게는 고역이었다. 맵고 찬바람이 쌩쌩하니 귓가로 스쳐지나갔다. 그동안 미루어 놓았던 장보기를 하필이면 이렇게 추운 날씨에 나온 것을 후회하진 않았다. 조금 새로워진 환경에 대한 호기심에 덜컹거리는 장바구니를 끌고 즐겁게 내려갔다.

가는 날이 장날이라더니 가게가 수리 중이었다. 하는 수없이 버스종점이 있는 곳까지 내려가기로 했다. 연이은 비탈길에 조금씩 발이 미끄러져도 오랜만에 누리는 호사로 생각했다. 밭에서 뽑아 김장을 하고 남겨놓은 배추에 버무릴 갓이며 파도 사고 생강과 싱싱한 굴도 샀다. 장바구니가 남아 보여 사과며 단감, 두부, 그리고 미나리며 푸성귀들을 이것저것 주어 담았다. 빵집에서 스며나오는 달콤한 유혹에 못 이겨 맛있는 빵도 샀다. 장바구니 뚜껑을 덮는 순간 너무 많다고 느꼈지만 눈이 얼어서 빙판길이 되면 다시 내려오기가 힘들 것 같아서 그냥 두었다.

내리막도 힘들지만 오르막은 더 힘이 들었다. 잠깐 동안 바람도 쏘일 겸 나온 장보기가 조금 부담이 되었다. 볕에 녹았던 눈들이 얼고 있었다. 급히 가려고 하면 미끄러지기 일쑤였다. 수술한 지 일 년이 채 되지 않은 발목은 가끔씩 아렸다. 뒤늦게 후회를 했으나 어쩔 도리가 없었다. 무거운 장바구니를 한손으로 끌 수가 없어 뒷짐을 지듯이 두 손으로 끌고 올라갔다. 하얀 입김을 내쉬면서 시린 손끝도 가끔 호호 불며 걸었다. 버스로 한 정거장이 넘는 오르막을 오르면서 잊고 있었던 내 나이가 생각났다. 염색을 하지 않고 올 겨울을 넘기려고 쓰고 다니는 모자는 눈을 덮을 듯이 내려왔다. 길에는 다니는 사람도 거의 없었고 흐드러지게 피어나던 연보라색 쑥부쟁이도 개미취꽃도 자취를 감춘 지 오래였다. 추워 보이는 짙푸른 소나무들만이 눈모자를 쓰고 꿋꿋이 서 있었고 골 사이로 흐르던 개울물에는 얼어버린 낙엽들만 깔려 있었다.

여기는 서울의 마지막 남은 달동네라고 불리던 곳이었다. 도심개발에 밀린 서민들이 이주해서 살아 온 곳이다. 험악한 지형은 아니어도 멀리 평지에서 보면 가파른 산중턱에 자리잡고 있다. 큰아이가 근처에 있는 학교에 다닐 때 길을 잘못 들어서 산 입구에서 차를 돌려서 내려 온 적이 있다. 얼떨결에 들어 간 동네에는 보기 드문 풍경이 펼쳐졌다. 아름다운 서울에서 산다는 노래와는 전혀 어울리지 않은 복잡한 동네가 있었다. 산의 높은 곳에 자리를 잡아서 달을 더

가깝게 볼 수 있다고 달동네라고 불렀는지, 달이 떠있는 새벽에 일터로 나가서 달을 보며 집으로 돌아온다고 그렇게 불렀는지도 모르겠다. 조용히 내려 비치는 보름 달빛이 보는 이의 마음속에 작은 기쁨과 용기를 주었을 것 같다. 이름이 아름다운 달동네에는 고단한 사람들의 삶과 바람이 있었을 것이다. 그들이 있었기에 지금의 이 자리에 아름다운 둥지들이 들어서게 되었다. 옮겨간 사람들에 대한 미안함과 고마움이 교차되었다.

한 시간 남짓 눈이 녹아 얼어버린 길 위에 장바구니를 끌고 올라오면서 그들의 고단한 삶을 그려 보았다. 봄, 여름, 가을에는 아름다운 풍광에 어려움도 잠시 잊었겠지만 혹한이 몰아치는 겨울은 어떻게 지났을까. 잘 포장된 길이 아닌 비탈진 산길에서 추운 겨울을 나기 위해 새끼줄에 묶인 연탄을 들고 오다가 미끄러져서 깨뜨리지나 않았는지. 찬바람이 스며드는 벽사이로 추위에 떨며 끼니는 제대로 이어갔을까. 배고픈 기억을 가진 적이 없는 나는 그동안 너무 무심하게 지나쳤다는 생각이 들었다. 그들의 만분의 일에도 미치지 못하는 짧은 경험이 나를 부끄럽게 하였다. 겪어보지 않은 가난은 상상 속에서만 머물 뿐이다. 그러나 풍요로움 속의 빈곤보다는 물질적인 부족함이 오히려 서로 도와주는 끈끈한 정이 있는 이웃으로 만들지 않았나 한다. 무거운 짐을 끌고 오면서 잠깐이나마 그들의 삶을 생각해 보았다.

겨울이어서 그런지 해가 어느새 기울고 있었다. 느릿느릿 걸어오면서 맑은 공기를 마셨다. 잎이 다 떨어진 숲이지만 새삼 고맙게 느껴졌다. 문득 흑인들의 슬픔을 노래했다는 블루스가 생각났다. 어느덧 마음은 애잔한 블루스 선율을 타고 있었다. 소박하고 아름다운 마음의 노래를 느리고도 슬프게. 어두어둑해지는 하늘에는 노을이 무지갯빛으로 펼쳐졌고 이른 초승달이 걸려 있었다.

김 지 현

경희대 대학원 국어국문학과 졸업. 〈수필춘추〉 등단.

미리내수필문학회 회원.

e-mail : jiwoo47@empas.com

긴 터널 외 3편

이 하 림

평화의 댐 근처에서 근무하는 조카를 면회하고 가는 길이다. 차량이 많지 않아 제한속도를 초과하여 달리는데도 5.1㎞의 배후령 터널은 끝이 보이질 않는다. 터널 안은 대낮처럼 밝지만 뒷좌석에 앉은 나는 폐쇄공포증이 있는 사람처럼 숨이 컥컥 차면서 머리가 아파온다. 숨통이 좀 트일까 하고 차창 너머 양구로 가는 방향을 바라보니 철문으로 만들어진 비상구가 보이는데 굳게 닫혀 있다. 피난대피용 보조터널이 있다고 하더니 연결통로인 모양이다. 굳게 닫힌 비상구를 보자 가슴은 주먹으로 힘껏 얻어맞은 것처럼 숨통이 콱 막힌다. 내 생애 처음 달려보는 이 긴 터널의 끝은 어디일까. 끝이 보일 즈음이면 답답한 가슴이 확 트일 수 있을까.

지난해 초여름 갑자기 찾아온 몸의 통증은 나를 깊은 수렁으로 몰아넣었다. 조금만 스트레스를 받아도 먹는 것마다 소화가 안 되고, 머리를 쥐어짜는 편두통과 왼쪽 갈비뼈 밑 통증은 성격까지도 송곳처럼 날카롭게 변모시켰다. 누가 말을 건네기만 해도 짜증이 나고 언성이 높아졌다. 아픔은 다양한 곳에서 나타났다. 화장을 할 수 없을 정도로 땀은 비 오듯 하고, 양쪽 어깨와 등, 때로는 허리와 무릎, 팔목까지 아팠으며, 눈도 쉬 피로가 와 뻑뻑한 상태가 지속되었다. 200정도가 정상인 콜레스테롤 수치가 280까지 치솟았다.

여러 병원을 다니며 다양한 검사를 했다. 대부분 이상소견은 없으나 갱년기 증상이라며 이는 질병이 아니라 노화에 의한 자연적인 신체적 변화과정이라는 것이다. 그러면서 안면홍조, 발한, 기억력 장애, 우울 등 여러 증상이 나타나는데 호르몬 치료를 받으며 운동을 열심히 하는 게 좋겠다고 했다. 갑자기 메마른 나뭇가지에서 마른 잎이 우수수 떨어지는 느낌이었다. 남의 일로만 알았던 갱년기라는 단어가 어느새 내 앞에 와 있었던 것이다. 들은 얘기가 있어 고민할 것도 없이 호르몬 약 복용을 거절했다. 들은 바에 의하면 호르몬 약을 복용하면 유방암에 걸리기 쉽고 살이 찐다는 것이다. 의사 선생님이 잘못된 이야기라며 충분한 설명을 해주었는 데도 약 처방을 받지 않았다. 다만 통증완화에 도움이 될 만한 약만 처방받았다.

아무리 약을 먹어도 통증은 좋아질 기미가 없었다. 짜증은 늘어가고 말수가 적어지며 사람을 기피하게 되니 전화도 잘 받지 않게 되었다. 자연스레 올해 사월 하던 일을 그만두었다. 병원 가는 때를 제외하고는 거의 집 밖을 나가지 않았다. 기억력까지 저하되어 평소 자주 쓰던 단어도 생각이 나질 않았다.

하루는 친구를 만나 샐러드를 먹었는데 정말 맛있었다. 집에 돌아와 만들어 볼 요량으로 재료를 적어보는데, '파프리카' 라는 단어가 떠오르질 않더니 결국 다음날에야 생각이 났다. 그리고 약속장소에 늦은 친구가 병원을 다녀오느라 늦었다고 했는데도, 삼십분도 지나지 않아 "그런데 너 왜 늦었어?" 라고 했다. 또 책이라도 읽으려고 하면 한 페이지를 넘기지 못했으며, 의욕도 없으니 시간을 멍하게 보내기 일쑤였다. 본인도 모르는 사이 우울증까지 왔다고 하니 허송세월이 따로 없었다.

어느 날 TV를 보는데 모 프로그램에서 여성 갱년기에 대한 내용을 다루고 있었다. 한 50대 여성은 남편과 이혼 직전까지 갔다고 했다. 이유 없이 짜증을 내고 만사 귀찮아하며 우울증을 앓고 있어 자살충동을 여러 번 느꼈다는 것이다. 본인은 그렇게 죽음까지도 생각할 만큼 힘이 드는데 가족들은 자꾸 변해가는 아내를, 어머니를 이해할 수가 없었다. 이 여성도 나와 같은 생각으로 호르몬 약을 복용하지 않고 있었다. 그러다가 남편과 함께 병원을 찾은 이후에 약을 복용하기 시작했는데, 그 후부터는 일상생활을 할 수 있게 되었다고 했다.

방송을 보고 난 후 황금 같은 시간들을 의미 없이 보내고 있는 내 자신을 돌아보게 되었다. 이대로는 안 되겠다 싶어 병원에서 내게 맞는 호르몬 약을 처방받았다. 작은 약 한 알에 내 몸의 통증이 좌지우지되다니 정말 어이없는 일이었다.

배후령 터널을 빠져나오니 답답했던 가슴이 탁 트인다. 먼 길을 가다보면 잘 닦여진 길도, 짧고 긴 터널도 만나게 된다. 인생도 마찬가지리라. 수십 평생을 사는 동안 우리는 크고 작은 다양한 아픔을 겪으며 살게 마련이다. 갱년기도 그렇게 왔다가는 하나의 과정이리라. 이러한 증상은 길게는 칠 년까지도 간다고 하니 이제 시작인 나는 앞으로 몇 년을 더 약에 의존하며 살아야 할까. 하지만 나는 좀 더 긍정적으로 살며 머지않아 갱년기라는 긴 터널을 빠져나와 밝고 환한 햇살 아래 놓이게 될 것이라는 희망을 버리지 않을 것이다.

아들과 화초

갱년기에 접어들면서 별 관심을 두지 않았던 화초가 눈에 들어오기 시작했다. 처음엔 공기 정화에 좋다고 해서 한두 개 들여 놓았다가, 맑고 시원한 표정들이 행복해 보이고 내 삶에도 즐거움을 가져다주어 어느새 여러 식구를 거느리게 되었다. 스파티필름, 센세베리아, 인도고무나무, 테이블야자, 금전수 등 제때에 물만 공급해 주면 별다른 재배기술이나 요령 없이도 잘 자라는 화초들로 실내 정원이 만들어진 셈이다.

외출에서 돌아올 때면 왁자한 느낌마저 들 정도로 잎을 반짝거리며 반겨주는 모습이 꼭 내 편들어 줄 식구같이 느껴지기도 했다. 그런데 이렇게 탐스럽고 건강하게 자라던 것들이 얼마 전 반란을 일으켜 여간 걱정스러웠던 게 아니었다. 일을 다시 시작한 내가 바쁘고 힘들다는 핑계로 서너 주 이상을 물도 주지 않고 내버려 두었던 것이다. 어느 날 문득 생각이 나 들여다보니 특히 물을 좋아하는 스파티필름의 뽀얀 꽃은 잘 마른 불쏘시개가 되어 있고, 이파리들은 누렇게 변했거나 맥없이 늘어져 볼썽사나운 모양을 하고 있었다.

오래전 제법 값이 나가는 난을 몇 개 선물로 받은 적이 있었다. 처음에는 고급 난을 키우게 된 것이 즐거워 신경을 바짝 쓰고 살폈다. 일주일 간격으로 물을 주고 잎의 먼지를 닦아주며 정성을 쏟았다. 그러다가 차츰 꾀가 나서 게으름을 피웠더니 난 잎이 하나 둘 말라갔다. 결국 빈 화분만 덩그러니 남게 되었다. 그러한 일이 있은 후 마음이 좋지 않아 한동안 화초를 키우지 않았었다. 난을 선물로 준 이에게도 미안하고 생명이 있는 식물을 홀대해서 죽게 되었다는 자책도 있었다.

그때 일을 떠올리며 뒤늦게 물을 주고 영양제를 사다 꽂아주며 수선을 떨었다. 아침저녁으로 말을 걸며 아는 체 해 주기를 여러 날, 화초들이 기운을 차리고 살아나기 시작했다. 테이블 야자는 쭉 기지개를 켜고, 홍페페는 잎이 반들반들 화색이 돌았으며, 스파티필름은 다시 하얀 꽃을 피워 올렸다. 집안 분위기에 생기가 돌았다.

이렇듯 화초도 정성을 쏟지 않으면 시들어 가는데, 자식이야 오죽하겠는가. 요즈음 아들이 자주 아프다. 직장생활이 적성에 맞지 않아 자기 사업을 하고 싶어 하지만 뜻대로 되지 않아 정신적인 스트레스가 많다. 품 안의 자식일 때는 어디가 조금만 아파도 어미 노릇을 할 수 있었는데, 지금은 따로 나가 살고 있어 제대로 돌볼 수가 없다. 끼니는 거르지 않는지, 아픈 데는 없는지, 제대로 된 직장생활을 하지 않으니 경제적인 어려움은 없는지, 마음으로 걱정하는 게 고작이다. 돌이켜보니 제대로 돌보지 못했던 것은 아들이 어려서부터였다는 생각이 든다.

아들은 어려서부터 잔병치레를 많이 했다. 태어난 지 육 개월 되었을 때는 급성 폐렴을 앓았고, 다섯 살 무렵에는 유치원에서 급체를 해 입원을 하기도 했다. 기관지가 좋지 않아서인지 감기를 달고 살았으며 걸핏하면 소화불량으로 고생을 했다. 그럴때마다 나는 제대로 돌보지 못했고, 초등학교를 졸업할 때까지 외할머니의 손에서 자라다시피 했다. 그러던 아들이 성인이 된 지금도 저렇듯 온전치 못하다.

올봄, 아들은 대장에서 선종을 세 개나 떼어냈다. 선종은 암의 전 단계라고 하지 않던가. 이제 스물아홉인데 건강이 말이 아니다. 늦게 배운 도둑이 날 새는 줄 모른다고 병영생활을 마칠 때쯤 배우기 시작한 술과 담배가 적지 않은 영향을 끼친 것 같다. 물론 그것이 화근이라고 단정할 수는 없지만 하나의 원인을 제공했을 것이라고 여겨진다. 지금은 의사의 처방에 따라 금연도 했고 술도 자제하는 편이다. 진작부터 건강을 제대로 챙겨주지 못한 것이 못내 후회가 된다.

며칠 전에는 두통이 심하고 잠이 오질 않아 고민이라고 했다. 변변한 일을 갖지 못해 앞날이 걱정되어서일 거라 짐작하면서도 전에 당한 교통사고와 삼 년 전 앓았던 신종플루의 후유증은 아닐까 하는 마음이 앞섰다. 교통사고로 아들은 이틀 동안이나 사경을 헤매

다가 겨우 깨어났다. 팔, 다리, 얼굴 어느 한구석이 성한 데가 없었다. 한 달이 넘도록 입원해 있으면서 얼마나 가슴을 졸였던가.

그뿐인가. 삼 년 전, 신종플루가 한창 기승을 부렸을 때 예상외로 여러 사람들이 목숨을 잃었다. 그때도 아들은 비켜가지 못하고 보균자가 되어 고열에 시달렸었다. 약을 구할 수가 없어 그저 바라만 보았던 내 마음은 무엇으로 설명할 수 있었을까. 다행히 이번에 한 검사에서 별다른 이상 소견은 없었지만 아들이 아플 때마다 늘 롤러코스터를 타는 심정이다.

오늘도 나는 아들에게 전화를 건다. 시들해진 화초는 물 한 바가지로 되살릴 수 있지만 내 아들의 처진 어깨는 무엇으로 추켜세울 수 있을까. 식사는 거르지 않았는지, 어디 아픈 데는 없는지, 어미라는 자리에서 늘 조바심이다.

언니 같은 동생

바짝 추워진 어제 대봉감 한 박스를 받았다. 해마다 이맘때면 동생이 늘 하는 일이지만 요즈음처럼 경기가 좋지 않을 때는 미안한 마음마저 든다. 올해는 감이 잘아서 개수가 많아 이웃들과 나누어 먹기도 좋을 것 같다. 이렇듯 동생은 언니인 나와 막내인 남동생을 늘 챙긴다.

여름이면 동기간들이 모여 휴가를 즐길 수 있도록 주선을 하고, 겨울에는 김장을 넉넉히 하여 나누어 준다. 그런데 남동생의 아들인 조카가 군 입대를 하면서부터 챙겨야 할 일이 한 가지 더 늘었다. 조카가 근무하는 곳은 PX(군대 내의 매점)가 없는 곳이라 한 달에 한 번 편지와 간식을 푸짐하게 보내는 일을 도맡아 하고 있다. 하긴 우리 둘 다 아들을 현역으로 보내보지 않았으니 그러한 일들이 또 다른 즐거움이 아닐까 싶기도 하다.

동생은 어릴 적부터 부지런하고 야무지다는 소리를 들었다. 끼니 때가 되어 어머니가 밥상을 차리시면 나는 가만히 앉아 있는데, 일곱 살배기인 동생은 행주로 상을 닦아 수저를 놓고 반찬을 올려놓곤 했다. 아홉 살 나서부터는 제법 밥까지 지었다. 어머니가 직장에서 늦는 날에는 어김없이 밥을 했다. 지금처럼 압력솥이나 전기밥솥이 있는 것도 아니어서 양은솥에 쌀을 씻어 연탄불에 지었는데도 어머니는 맛있다고 하셨다. 그러더니 중학교를 다닐 때부터는 지치고 힘드신 어머니를 돕는다면서, 가끔씩 새벽에 일어나 제 도시락은 물론 어머니와 내 도시락까지 싸주곤 했다. 그때는 언니가 되어서 부끄러운 지도 모르고 당연한 일처럼 생각했는데 지금에 와서 돌아보니 눈시울이 붉어진다.

이렇게 부지런하고 착한 동생을 하마터면 잃을 뻔한 적이 있다. 내가 여섯 살 때 쯤인가, 세 살 터울인 동생을 데리고 개울가에서 놀고 있었다. 비가 온 뒤여서 물이 많이 불어나 있었는데, 이끼 낀 돌 위에서 놀던 아이가 그만 미끄러져 물에 떠내려가고 있었다. 나는 놀라서 어쩔 줄 몰라 하다가 발을 동동 구르며 동생을 살려 달라고 큰 소리로 울었다. 마침 한 남자분이 멀리서 울음소리를 듣고 달려와 구해 주었다. 지금도 그때를 떠올리면 가슴이 마구 방망이질을 한다.

한번은 두고두고 눈물샘을 자극하게 하는 일이 있었다. 내가 병원에서 아이를 낳고 퇴원하는 날이었다. 임신을 한 줄도 모른 채 남편이 행방불명 된 상황에서 동생이 병원비를 마련했다. 그러던 차에 어떻게 알았는지 아이아빠가 동생에게 연락을 했더란다. 형부가 왔다는 기쁨에 병원비를 쥐어주며 빨리 병원으로 가서 퇴원을 시키라고 했다. 그런데 아이아빠는 그 돈을 가지고 그대로 다시 자취를 감추었다. 동생이 다음 달 봉급을 타면 주겠노라고 사정하여 퇴원할 수 있었다. 퉁퉁 부은 얼굴로 아이를 안고 칼바람을 맞으며 퇴원하는 내 뒷모습을 동생은 또 얼마나 안타깝게 바라보았을까. 결국 동생은 능력 없는 언니의 병원비는 물론 모든 출산용품까지 마련해야 했다.

동생은 자상한 남자를 만나 결혼해서 남매를 두었다. 요즘 유행하는 신조어로 시댁(사람들)을 뜻하는 시월드(媤+World)와의 사이도 좋은 편이다. 결혼해서 지금까지 쉬지 않고 일을 하면서도 시댁 챙기는 일 또한 게을리 하지 않았다. 동생의 그런 마음을 어여삐 보신 시어머니는 가끔씩 용돈도 건네주시고 결혼하지 않은 시동생은 한약이나 옷을 선물하기도 한단다. 열심히 산 덕에 내 집 장만도 하고 남에게 아쉬운 소리 하지 않을 만큼 사니 그만하면 괜찮은 삶이 아닌가 싶다.

사실 동생이 이만큼 살게 된 데는 알뜰한 생활이 큰 몫을 했다. 평소 알뜰하기로 소문난 동생은 지출을 잘 하지 않는 편이다. 동네 시장에서는 '한보따리' 라는 별명을 얻기도 했다. 돈을 아끼느라고 항상 파장에 가서 떨이 물건을 구입해 한보따리씩 들고 왔기 때문이다. 그뿐이랴. 지금은 많이 여유로워졌지만, 제 아이들 중학교 때까지만 해도 내 아이의 옷을 가져다 입혔고 심지어는 실내화까지 가져다 빨아서 신도록 했다. 참으로 야무진 구석이 있었다는 생각이 든다.

지금 동생은 만학도이다. 자식들 모두 졸업시켜 사회로 내보내고 이제는 자기 차례라며 늦깎이로 대학생활을 즐기고 있다. 사실 직장에 다니랴 학교 공부하랴 힘든 날이 더 많지만 그래도 행복하다며 웃는다. 그리고 캠퍼스에서 일어나는 재미있는 이야기들을 구구절절 보내온다.

언니라고 하면서 항상 받기만 하고 무엇 하나 제대로 보답도 못하는 처지가 늘 부끄럽다. 동생은 이런 나의 부끄러운 마음까지도 감싸 안는다. 언니 같은 동생이 있어 내가 더 행복하다는 것을 그녀도 알리라.

하늘 저 끝에서

폭설 속에 지인의 부친 문상을 다녀왔다. 지병을 오래 앓아 오신 아버지를 떠나보내는 그녀의 절절한 슬픔이 문상객들의 눈시울까지도 젖게 했다. 생전에 부녀간의 정이 얼마나 깊었으면 저렇게 숨이 넘어갈 정도로 구슬피 울까.

돌아오는 길에 오십 년 전 돌아가신 아버지를 가만히 떠올려 보았다. 아마 일곱 살이 되던 해 겨울이었을 것이다. 새벽녘에 화장실이 가고 싶어 아버지를 깨웠는데 아무런 반응이 없었다. 칭얼대는 소리에 놀라 어머니가 잠을 깨셨다. 얼른 아버지 곁으로 가 이리저리 살펴보시더니 끊어질 듯이 통곡하셨다. 올망졸망한 우리 형제들은 영문도 모르고 따라 울었다. 일곱 살짜리의 기억 속에 남아 있는 그날 새벽은 온 동네가 깊고 하얀 눈 속에 덮여 있었다. 눈옷을 입은 앙상한 나뭇가지들도 삭풍에 떨고 있었다.

아버지는 스물두 살에 결혼하셨다. 그 후 입대하여 제주도에서 병영생활을 하던 중 병을 얻어 의병제대하셨다. 그리고 오래도록 병마와 싸우다가 서른일곱 창창한 나이에 생을 마감하셨다. 심한 천식과 폐결핵으로 당신 몸 하나 건사하기도 힘든 상황이었지만 자식들에게만은 더 없이 애틋하셨다.

아버지를 내가 가장 많이 닮았다고 한다. 그래서인지는 모르겠지만 다른 형제들보다는 아버지를 더 많이 기억한다. 언제나 콜록콜록 숨이 멎을 듯한 긴 기침을 달고 아랫목에 누워계셨던 모습이 눈에 아른거린다. 가끔은 병이 호전되면 마실을 가실 때가 있었다. 그때마다 나와 동생은 데려가 달라며 따라나섰다. 그러면 아버지는 웃으시면서 하나는 안고 하나는 걸려 데려가곤 하셨다. 어느 때는 형제들을 나란히 앉혀 놓고 제 각각 앞섶에다 주전부리를 한줌씩 놓아주기도 하셨다. 지금 생각하니 그 주전부리 속에는 아버지의 달콤한 사랑이 담뿍 녹아 있었다.

어머니는 병원은커녕 변변한 약도 제대로 써보지 못하고 앓아 누워계신 아버지를 살려보겠다고 갖은 노력을 다 하셨다. 눈만 뜨면 약초를 구하러 사방팔방 다니지 않은 곳이 없다 하셨다. 하루는 어디서 구했는지 구렁이와 개구리를 가져와 푹 고아서 국물은 아버지를 드리고, 고기는 발라서 우리에게 먹였다. 그때는 철이 없어 그것이 약인지도 모르고 맛있게 받아먹었다. 이러한 어머니의 지극정성에도 불구하고 아무런 보람도 없이 아버지는 그렇게 우리 곁을 떠나가셨다.

아버지의 장례식은 친지들이 별로 없어서 초라하기 그지없었다.

상여가 나가던 날, 어머니는 나와 동생 둘은 방안에 가둬두고, 지금은 고인이 된 장남 오라비만 장지로 데려갔다. 나는 동네사람들이랑 놀이 가는 것으로 알고 따라가겠다며 생떼를 쓰고 울어댔다. 늦은 시간 어머니는 울다가 지쳐 잠이 든 우리들의 이마를 쓰다듬으며 눈물을 흘리고 계셨다. 눈 덮인 길이라 어린 것들을 데리고 갈 엄두를 내지 못하셨던 것이다.

오늘처럼 눈발이 흩날릴 때면 어렴풋이나마 아버지에 대한 생각이 난다. 하지만 겨우 일곱 살 어린나이의 기억들이 고작이어서 못내 아쉽다. 병약한 몸으로 짧게 살다 가셨지만 어느 집 자식들보다는 깊은 사랑을 주셨다고 생각한다. 그러한 아버지가 하늘 저 끝에서 다정한 미소로 내려다보고 계시는 것만 같다.

아버지의 기일날인 섣달 열이틀이 멀지 않았다. 기일에도 오십 년 전의 그날처럼 눈이 내린다면 아버지를 뵙는 듯 눈길을 걸어보리라.

이 하 림

단국대 국문과 졸업. 〈한국수필〉 등단. 미리내수필문학회 총무.
한국수필작가회 · 중랑문인협회 회원. 동대문문인협회 간사.
수필집 《맨션 달동네 사람들》
e-mail : harim4u@lycos.co.kr

눈물을 리필해 주세요 외 1편

송 정 자

십여 년 전 8월에는 세계의 이목이 온통 한반도의 두 나라로 집중되었던 역사적인 행사가 열렸다. 이산가족 이백여 명이 반세기만에 혈육상봉을 하게 된 것이다. 재회의 감격에 잠 못 이루는 행사 전 날 숙소의 표정부터 평양과 서울의 취재 현장은 폭염의 날씨만큼이나 후끈 달아올라 직접적인 연관이 없는 나 조차도 그 열기에 들떠 있었다.

잠깐일 줄 알았던 헤어짐이 50년을 넘고 보니 푸른 청년이었던 아들이 초로의 반백이 되어 나타났다. 깊게 패인 주름진 얼굴을 부여잡고 가슴을 치며 기력없는 울음을 토해내던 노모의 통곡에 함께 소리내어 울고 말았다. 화사한 복숭아처럼 발그레 했던 아내의 볼에 깊은 우물처럼 주름이 내려 앉아 고왔던 얼굴 어디 갔느냐며 구부정한 허리로 서로의 볼을 비비는 거친 손등을 보며 또 눈물을 쏟았다. 짧은 만남을 아쉬워하며 다시 기약 없는 이별을 끝으로 통한의 눈물바다를 이루며 행사는 막을 내렸다. 며칠 동안 그들과 얼마나 눈물을 쏟았는지 하루는 귀가 먹먹했고 다른 날은 눈두덩이가 부어올라 눈 끝이 쓰리기도 했다.

분단으로 인한 생이별의 혈육들만큼이나 나에게도 크나큰 이별이 있었다. 스무 살도 되기 전에 아무런 예고도 없이 아버지가 덜컥 세상을 뜨셨다. 막내임에도 아버지를 사랑하지 못했던 회한과 뼈까지 아파오는 후회로 목이 메일 뿐이었다. 참으려 해도 영정 앞에 누가 절을 올리면 대신 울어주는 사람처럼 철철 눈물이 흘렀다. 지쳐서 넋을 잃고 기대앉은 어머니가 쉰 소리로 꺽꺽 대며 안쓰러워 울컥 쏟아지던 눈물이었다.

그때 살면서 흘릴 눈물은 내 몸속에서 다 빠져 나간 듯했다. 그러나 불과 몇 년 도 채 지나지 않아 마음으로 괴이고 그리워하던 남자가 행복하라며 이별을 전했다. 홀연히 기차를 타고 멀어져 갈 때 기찻길 위에서 고장 난 수도꼭지처럼 마냥 흘러내리던 눈물은 빈 철로가 되어서도 그치지 않았다. 눈물과 함께 호되게 앓고 난 후 다시는 울지 않겠다던 다짐이 무색하게 몇 년 만의 행사처럼 다시 찾아왔다. 결혼을 하고, 바라만 보아도 아까운 아들녀석의 초롱별 같은 눈 한쪽이 간헐적 사시라는 병명으로 수술을 해야 한다는 진단이 내려졌다. 병원을 나와 집까지 먼 길을 아이를 업고 내내 울음을 삼켜야 했다. 등 뒤에서 영문도 모르고 마냥 신나서 조잘거리는 녀석이 애처로워 하늘이 내려앉는 느낌을 그때서야 알 것 같았다. 어린 것이 수술대에서 놀라 무슨 일이 생기지 않으려나. 수술이 한번으로 잘 끝날 수 있을까. 내 아이가 겪게 될 고통과 온갖 상념에 눈물은 바가지로 담아도 족히 넘칠 만큼 끝이 없었다.

살아오면서 이렇듯 큰일들로 흘린 눈물이 아니더라도 사소한 감정에서 오는 조그만 눈물까지 수를 헤아릴 수 없을 것이다. 사람은 알게 모르게 항상 눈물을 흘리며 산다고 했다. 사람이 일생을 통해 눈물이 가장 많은 시기는 열 살 전후인데 그 이후에는 갈수록 줄어 마흔 정도가 넘으면 거의 절반으로 줄어든다고 한다. 나이를 먹을 수 록 눈물이 약해진다는 것은 눈물의 양이 문제가 아니라 정서의 차이라는 분석도 있다. 어른이 될수록 신체적 조건이 아니라 감정을 억제하는 이성적 힘이 강해지기 때문일 것이다.

서정범 교수의 "울어라 울어"라는 수필을 보면 눈물에도 기가 있어 아픔을 해소하는 하나의 치료라고 되어 있다. 분노로 흘리는 눈물에는 유해 성분이 있고 슬프거나 기쁠 때 흘리는 눈물에는 수분의 양도 증가한다 하니 인체의 기도 증폭 되는 것이라 여겨진다. 내가 젊은 날 그토록 절절히 눈물을 쏟았던 것이 지금 생각하면 아끼고 억제하지 않았던 것에 대한 후련함마저 있으니 정신적 위안이 컸던 것으로 생각이 든다. 특히 인간관계에 있어 이별이나 서운함에서 흘리는 눈물은 다시는 그 사람을 볼 수 없다는 절망감과 그 사람을 미워하지 않으려는 뉘우침으로 가득하다. 눈물의 샘은 저절로 상대에게 못다 한 정을 보이는 사랑의 표시라 여겨진다. 서로에게 이기적이지 않을 때 보이는 눈물이야말로 인간관계에 있어 더 없는 정을 나누게 하는 가교 역할이 아니겠는가.

슬픔에는 두 가지 종류가 있다고 한다. 눈물로 덜 수 있는 슬픔이 있고 눈물로도 덜 수 없는 슬픔이다. 나이가 들어도 아낌없는 사랑과 함께 조그만 감동이 전제가 되어 슬픔을 덜 수 있도록 언제나 잔잔한 눈물이 마르지 않기를 바랄 뿐이다.

눈이 내리는 도시

여고 1학년이 되던 해 겨울이었다. 겨울방학을 이용해 친구와 서울 나들이를 하게 되었다. 경부선 완행열차는 밤새도록 먼 길을 달리고 또 달렸다. 우리의 여행은 여중 때 담임을 맡았던 총각 영어 선생님이 육군사관학교 생도가 된 모습을 보는 것과 서울로 전학을 간 친한 친구와 하얀 눈을 보기 위해서였다. 내가 자란 밀양에서는 한겨울에도 눈을 볼 수 없어 눈 내리는 도시는 엽서에서나 볼 수 있는 미지의 세계였다.

벅찬 감동으로 서울에 도착하였다. 마중나온 친구와 함께 처음으로 들렀던 곳은 경복궁이었다. 위엄을 갖춘 근정전 지붕위에 하얗게 내려앉은 눈은 아침 햇살에 눈이 부시도록 빛이 났다. 차가운 날씨와 햇살의 따스함이 공존하는 넓은 뜰 안에서 여학생 셋은 서로 눈뭉치를 던지기도 하고 꼬마 눈사람을 만들어 누가 예쁜가 실랑이를 하며 반가운 정을 나눴다. 처음 만져보는 눈은 손끝은 시렸지만 폭신하고 뽀드득거리는 촉감이 말할 수 없이 부드러웠다.

그렇게 반나절을 보내고 우리는 선생님을 만나기 위해 남산으로 향했다. 멋진 제복을 차려입고 나타난 선생님은 사춘기 여학생들의 마음을 방망이질로 가득 채울 만큼 설레게 했다. 남산타워에서 눈 덮인 서울 시내를 한눈에 내려다보며 그때는 온 세상이 다 내 것인 양 가슴이 충만했다.

지금은 서울에서 스무 해가 넘도록 살고 있지만 여고생 때 처음 보았던 눈을 겨울 내내 보아도 그다지 감흥이 없다. 손을 따듯하게 해주는 장갑과 목도리, 옆 사람의 따듯한 호주머니, 포근히 내리는 눈이 있어 겨울은 따듯한 계절이라는 것을 아마도 그때 느꼈으리라.

내 젊은 날에 있었던 그 해 겨울방학은 오래토록 훈훈하고 따스한 겨울로 거듭 나고 있다.

송 정 자

〈한국수필〉 등단. 미리내수필문학회 회원.

한국수필가협회 회원. 동대문문인협회 감사.

e-mail : shpea95@hanmail.net

열세 번째 남자 외 2편

윤 태 정

열세 번째 남자를 만나러 가던 날 아침도 오늘처럼 굵은 빗방울이 떨어졌다. 얼굴도 모르는 남자를 만나기 위해 빗길을 재촉해야 했던 내가 얼마나 청승맞아 보였을까. 더구나 시골까지 가서 남자를 만나야 한다는 사실에 잔뜩 심통이 난 채 창밖만 물끄러미 바라보았다. 버스는 덜컹거렸고 유리창에 맺히는 빗방울은 초라한 내 얼굴을 조롱하듯 이내 사라지곤 했다. 부모님의 말씀을 거역할 수 없어 시외버스에 오르기는 했으나 보나마나한 맞선이었다.

주말이면 부모님을 대동하고 호텔 찻집의 어색한 자리에서 선을 보는 일이 차츰 심드렁해질 무렵이었다. 이번에는 고향의 차부 옆에 있는 '오시오다방' 에서 한 남자를 만나고 오라는 것이었다. 못

본다, 봐야 한다. 절대 안 본다, 반드시 봐야 한다며 옥신각신하다가 결국 내쫓기다시피 등떠밀려 터덜터덜 발걸음을 터미널로 옮겨야 했다. 이 지구상의 반이 남자라는 데 그 숱한 남자들 중 하나를 못 만나 부모님 걱정을 시켜 드리나 하는 생각마저 들었다.

조그만 읍내에는 다방이 즐비하였다. 역전다방, 아네모네다방, 황금다방, 본전다방 등의 촌스러운 이름의 간판을 보자 얼굴부터 찌푸려졌다. 워낙 작은 마을이라 '오시오다방'은 쉽게 찾을 수 있었다. 문을 열고 들어서는 순간, 자욱한 담배 연기 속에서 구릿빛 얼굴을 한 사람들이 일제히 나를 훑어보았다. 멋쩍어서 실내 한가운데에 있는 수족관의 열대어한테 눈길을 얼른 돌려버렸다. 벽에 붙은 대형 거울 속으로 시끌벅적한 안을 슬쩍 보니 나이가 지긋한 아저씨들 뿐, 젊은 남자의 모습은 보이지 않자 은근히 불안해지기 시작했다.

잠시 후 중매를 선 이모부가 들어와 뒤통수를 보이고 앉아있는 남자의 앞쪽으로 나를 이끌었다. 발걸음을 멈추자 고개를 돌리는 남자와 눈이 마주치는 순간, 나는 세상에 때 묻지 않은 맑은 눈동자를 보았다. 하이얀 와이셔츠에 짧은 머리칼이 상큼하게 보였다. 사람을 편안하게 하는 아이 같은 웃음과 나이보다 훨씬 덜 들어 보이는 얼굴에 호감이 갔다. 가늘고 긴 손가락으로 담배를 피우는 모습이 멋있게 보였다. 허풍스럽지 않고 진솔하고 차분하게 말하던 모습이 순수해 보였다. 내가 평소에 찾던 바로 그런 느낌을 가진 남자였다.

읍성 안에 있는 백 년이 넘은 우람한 소나무 아래에서 이야기를 나누었다. 어릴 적 얘기며 학창 시절 이야기로 꽃을 피우는 동안 우산에 떨어지는 가는 빗방울 소리가 무척이나 경쾌하게 느껴졌다. 산성공원 푸른 소나무 아래에서 가늘어지는 빗줄기 사이로 햇살이 비치는 광경을 함께 볼 수 있었다. 낙엽에 관한 이야기만으로도 함께 밤을 세울만한 남자, 이 사람이 바로 나의 열세 번째 남자였다.

허나 그것이 마지막 선이면 좋았으련만 나는 그 뒤로도 계속해서 남자를 만나야 하는 처지를 벗어나지 못하였다. 그동안 숱하게 선을 보면서 첫 느낌이 오지 않으면 두 번은 다시 만나지 않았다. 마지 못해 차 한 잔은 했지만 식사는 절대 하지 않았으니 일종의 결벽증에 가까웠다고 해야 할까. 한 여자의 일생이 걸린 문제를 느낌으로 결정한다는 것은 위험스런 일이었지만 첫 느낌이 좋아야 한다는 나의 고집을 버릴 수가 없었던 것이다.

열세 번째 남자 이후로는 두 번 다시 보고 싶은 남자가 없었다. 가끔 조건만 맞으면 만남을 허락해야겠다고 모질게 마음먹은 적도 있으나 상대의 얼굴 위로 언제나 그 남자의 해맑은 웃음이 떠오르곤 하였다. 첫 느낌의 환상에서 벗어나 선보는 일에 종지부를 찍어야겠다고 마음먹은 스물여섯 번째 선을 보던 날, 비로소 나는 영원히 혼자 살 생각을 굳혔다.

하지만 인연이란 참으로 묘한 것이다. 해가 바뀐 어느 날, 우연하게도 나의 안부를 궁금해 하던 그의 근황을 알게 되어 만남의 끈이

다시 이어지게 될 줄이야. 양쪽 집안의 상견례가 이루어지자마자 혼인은 일사천리로 진행되었다.

결혼식장에 들어서자 훤칠한 그가 등을 돌린 채 기다리고 있었다. 신부가 도착하자 신랑이 뒤를 돌아보는데 이 대 팔의 비유로 쫙 가른 가르마를 한 아저씨가 나를 반기는 게 아닌가. 게다가 번지르르한 기름칠까지 했으니 족히 십 년은 더 들어 보였다.

살다 보니 그는 누가 업어 가도 모를 정도로 초저녁잠이 많았고 새벽이면 노인네처럼 부스럭거리며 돌아다니느라 내 단잠을 설치게 하기 일쑤였다. 순수에 대한 얘기를 하던 그의 입에서는 세속적인 얘기가 술술 나왔으며 건강을 이유로 금연을 시작했기에 담배 피우는 모습도 볼 수 없었다. 다른 것은 몰라도 일찍 자는 것만은 절대 용서할 수 없다는 내 말에 다른 것은 다 할 수 있어도 늦게 자는 것만은 불가능하다고 맞서는 남자였다. 손을 잡고 밤새도록 이야기꽃을 피울 것 같던 그 열세 번째 남자는 어디 갔는지 영영 찾을 길이 없었다. 벙어리 냉가슴 앓듯 혼자 속을 끓였다 식히기를 반복하게 되었다.

그렇게 몇 해를 보내던 어느 날, 꾸벅꾸벅 졸며 잠을 쫓느라 애쓰는 남자를 보게 되었다. 밤새워 얘기하는 게 꿈인 여자를 위해 노력 중이라는 남자의 말에 그만 웃음이 새어나왔다. 그동안 왜 그리 내 입장에서만 생각하고 바랐던가. 옹색했던 마음이 스르르 풀리는 듯했다. 더 이상 나이보다 젊어 보이지 않는 그 남자가 왠지 안쓰러워 보이기까지 했다.

늦잠 자는 아내를 깨워야 한다는 이유로 잠을 서두르는 남자가 요즘은 밉지 않다. 이제 웬만한 것은 나를 탓하며 포기할 줄도 아는 너그러움까지 생겨나니 심신이 이렇게 편할 줄이야. 결혼이란 미완의 두 사람 그대로를 인정하며 조화롭게 사는 것이지, 하나의 완성된 작품을 만들기 위해 애쓸 필요는 없다는 나름대로의 진리도 터득하게 되었다.

창밖의 굵은 빗방울은 어느새 부슬부슬 잦아들고 있다. 우산 위에 떨어지는 빗방울 소리가 때로는 부드러운 노래로, 때로는 성난 파도로 느껴질 때가 있다. 인생사 마음먹기에 달렸다는 말이 이제야 가슴에 와 닿는다.

빵 이야기

참새가 방앗간을 그냥 못 지나치듯 빵집 앞을 지날 때면 나도 모르게 발길을 멈추게 된다. 배가 고프지 않아도 문틈에서 새어나오는 구수한 냄새가 나의 발길을 잡아끌기 때문이다. 아마 가슴 한편에 늘 빵에 얽힌 추억이 그리움처럼 고여 있어 그런가보다.

안으로 들어서면 구색을 갖춘 갖가지 빵들이 나를 반긴다. 색과 향을 내기 위해 과일이나 생크림으로 치장한 것들이 먼저 눈에 들어온다. 눈요기하기에 아주 제격이다. 하지만 손길이 가는 것은 엉뚱하게도 아무런 장식이 되어 있지 않은 밋밋한 것이나 퉁퉁한 모양의 속없는 것들이다. 촌에서 태어나 고향에서 먹던 빵에 대한 추억을 잊지 못하는 탓일까.

어릴 적, 뒷마당에서 친구들과 사방치기나 공기놀이를 하며 한참을 깔깔거리다 보면 어디선가 구수한 냄새가 솔솔 풍겨 나왔다. 냄새를 좇아 성급히 안마당으로 들어서면 꼬리는 역시 부엌으로 이어졌다. 무명 앞치마를 두른 할머니는 커다란 가마솥에 마른 솔가지로 불을 때고 계셨다. 아궁이 옆에 동그마니 앉아 빵이 되기만을 기다리는 나의 얼굴은 아궁이 속의 불처럼 어느새 발갛게 익어갔다. 이윽고 시커먼 가마솥 뚜껑이 열리면 앞이 보이지 않을 정도의 푸짐한 김이 뭉게뭉게 부엌으로 가득 차올랐다.

연기가 걷히는 순간, 요술쟁이처럼 할머니는 반듯한 술빵을 눈앞에 내놓으셨다. 가운데 듬성듬성 강낭콩이 박히고 밑바닥엔 커다란 호박잎이 붙어있는 누런 빛깔의 넓적한 게 얼마나 먹음직스러웠는지 모른다. 한 입 베어 물 때마다 입 안 가득 연한 술 냄새가 퍼졌다. 급하게 설겅설겅 씹어 삼키는 나를 보시던 할머니는 걱정스레 말씀하셨다. 얘야. 체할라, 천천히 먹으렴. 펌프에서 갓 퍼 올린 시원한 샘물을 한 모금 들이켜고 나면 나는 이 세상 누구보다 행복한 꼬마가 되었다.

할머니는 가끔 빵을 많이 쪄서 이웃에 돌리곤 하셨다. 보자기 틈으로 보이는 커다란 쟁반에서 올라오는 따뜻한 김이 마냥 좋았다. 할머니의 치맛자락을 붙들고 논두렁을 지날 때면 무척 신이 났다. 고개 숙인 벼들 사이에서 뛰놀던 메뚜기들도 반가운지 내 마음처럼 폴짝폴짝 뛰어다니기 바빴다.

오늘도 추억을 낚으러 풍겨오는 고향 내음을 따라 빵집으로 들어선다. 이것저것 골라 바구니에 담고 계산을 하려는데 작은 상표가 붙어있는 것에 눈길이 간다. 유심히 보니 모양이나 색깔이 꼭 어릴적 먹던 그 것처럼 보인다. 요즘 복고풍이 유행이라 향수에 젖은 우리의 것을 선보이고 있는데 의외로 반응이 좋다고 주인이 살짝 귀띔을 해준다. 보리떡이라고 이름 붙여진 봉지를 들고 요리조리 살펴보다 바구니 속에 하나를 얹었다.

집에 들어서자마자 얼른 봉지를 풀며 아이들을 불렀다. 아이들이 한껏 기대에 찬 얼굴로 식탁으로 모였다. 하지만 보리떡이라는 말에 실망스런 표정으로 멀뚱히 쳐다볼 뿐이다. 맛이 좋다면서 한 쪽을 떼어 입안에 쏙 넣어주니 표정이 예사롭지 않다. 가뜩이나 비위약한 아이라 뱉기라도 하면 어쩌나 걱정스런 표정을 짓는다. 옛 추억을 생각하며 나도 한 쪽 떼어 먹어보니 웬일인지 기대했던 맛이 느껴지지 않는다. 모양이나 색깔로 보아서는 영락없이 그 술빵이건만 입안으로 가득 퍼지는 연한 술 냄새를 느낄 수가 없다.

현대인의 향수를 달래려고 공장에서 대량 생산되는 제품에 할머니의 정성이 담겼을 리가 있겠는가. 그리고 먹는 것이 너무 흔해진 탓도 한몫을 하리라. 아이들의 먹거리 입맛이 서양 것으로 옮겨간지도 이미 오래 전의 일이다. 어디 아이들의 입맛뿐이겠는가.

할머니의 그 달콤하고 구수하던 손맛을 이제는 다시 만날 수가 없다. 식탁 위에 덩그러니 놓인 보리떡을 보니 할머니의 솜씨가 더욱 그리워질 수밖에. 술약을 넣어 반죽한 밀가루 덩어리에 강낭콩 몇 알을 심고, 아궁이 앞에 쪼그리고 앉아 불씨를 다독이던 할머니. 사랑의 입김을 훅 불어 넣고 조용히 앉아 기다리던 할머니. 잠시 후 보자기를 화알짝 들어 올려 순식간에 누런 빵을 소담지게 나타나게 하던 할머니의 요술 솜씨를 다시 한 번 볼 수 있다면 얼마나 좋으랴. 오늘처럼 하늘 가득 뭉게구름 떠다니는 날이면 내 마음 속, 초가집 굴뚝 연기 사이로 술빵 만들던 할머니의 모습이 아른거린다.

파킬라와 사춘기

울창한 잎이 천정까지 뻗어 올라가던 파킬라의 긴 가지들이 모두 잘려나갔다. 갑작스레 일어난 일이다. 남편은 인정을 두지 않고 파킬라의 구부정한 가지를 한 번 꺾었고 다시 한 번 힘을 주어 삐죽 자라난 가지를 뚝 부러뜨렸다. 그 광경을 보고 있으려니 가슴이 미어져 내렸다.

큰 아이가 태어나던 해에 집으로 들어와 수년을 함께 했기에 정이 듬뿍 든 파킬라다. 이사를 할 때면 언제나 제일 먼저 거실 한가운데를 차지하였다. 여름이면 무성한 잎으로 그늘을 만들어 주었고, 겨울이면 거실 한쪽에서 햇살과 함께 운치를 더해 주던 나무였다.

어느 날인가 파킬라의 줄기가 똑바르게 위를 향하고 있지 않은 것을 알아 차렸다. 그런 모습을 처음 발견했을 때 곧장 제자리를 잡아 주었어야 하는데 그대로 놔두었더니 곧은 허리가 차츰 휘는 듯 보였다. 그런 파킬라를 아쉬운 눈으로 바라보며 많은 시간을 보냈다. 설마 가지가 휘어지기야 하랴 대수롭지 않게 지나쳤던 것이다. 아마 나뭇잎이 울창하여 그늘을 만들어 주는 것에만 감사하며 하루하루를 보냈는지도 모른다.

아이들의 머리가 크면서 생각이 많아지자 다루기가 무척 힘들어졌다. 시간이 없다는 이유로, 안쓰럽다는 핑계로 아이의 잘못을 곧바로 꾸짖지 않고 넘겨버렸다. 차차 나아지겠지 스스로를 달래며 혹은 다른 아이들도 다 그렇겠지 하는 생각으로 아이의 잘못을 그냥 넘겨버릴 때도 있었다. 언제 터질지 모르는 시한폭탄처럼 불안하게 할 때는 사춘기가 빨리 찾아오는 세태를 탓하기도 했다.

마침내 더 이상 대화로는 통하지 않아 매를 들 수밖에 없는 상황이 되었다. 부모의 심정을 헤아리지 못하고 자신의 감정을 쉽게 내뱉으니 마침내 따끔하게 혼내주기로 하였다. 아이를 너무 강하게 대하면 오히려 삐뚤어질 염려가 있다며 평소에 과장된 몸짓으로 막아섰던 나였다. 대화로 풀면 안 될 문제가 없다고 생각하던 나였다. 하지만 아무런 이유 없이 화를 내어 화목한 가정에 불씨를 만드니 사랑의 매가 한 번쯤은 필요하였다. 남편은 아이의 버릇을 고치려고 단단히 벼르며 회초리를 찾았다. 철썩철썩 소리에 내 가슴은 쿵쿵 밑바닥으로 떨어져 내려갔다.

아이는 이미 어린 가지가 아니었다. 자신의 생각이 있고, 자신의 의견을 또박또박 표현하는 힘을 가진 큰 가지가 되었다. 비뚤어져 가는 가지를 바로 세우려니 여간 힘든 노릇이 아니었다. 매를 댔을 때 아이는 슬프게 울며 두 손을 모아 빌었다. 아이를 안고 멍든 종아리를 어루만지는 내 가슴에도 말할 수 없이 크고 시퍼런 멍이 들었다.

밑동만 남은 초라한 모습의 파킬라를 바라보는 나의 눈에 그렁그렁 눈물이 맺혔다. 나무의 모양이 삐뚤어지려는 것을 알면서도 제때에 바로잡아주지 못한 것에 대한 아픔이 컸다. 줄기가 굵어지지 않았을 때 과감하게 가지치기를 해주었더라면 아픔 없이 올곧게 자라날 수 있었을 텐데 하는 후회도 따랐다.

그로부터 몇 해가 지났던가. 온갖 정성을 다하여 어루만져 살피고, 사랑으로 보듬어 주자 잘려나간 자리에 새순이 돋아나기 시작했다. 그제야 올곧은 나무로 키울 수 있을 것 같은 안도감에 얼굴이 펴졌다. 이제라도 집안에 웃음꽃을 다시 피게 해주니 더 이상 무엇을 바랄 것인가.

어렸을 적에 스트레스를 많이 받은 아이가 사춘기를 심하게 겪는다는 연구 보고서를 본 적이 있다. 몸에 밴 유교적인 관습대로 아이를 엄격하게 기른 편이다. 자식에 대한 사랑 표현도 어설펐으며 주위의 눈치를 살피느라 조심스러웠고, 참는 아이로 기르는 교육만이 최선인 줄 알았다. 모든 것이 아이를 위한다는 이유였지만 지금 생각해 보니 아이 입장보다는 부모 위주의 일방적인 교육이었다는 반성을 하게 된다.

나무도 사람처럼 스트레스를 받고 사춘기를 겪는다고 한다. 심은 지 오륙 년이 지나면 갑자기 가지를 퍼뜨리고 결실이 불량해지는 상태가 오는데 그때가 바로 나무의 사춘기라 할 수 있다. 그 시절이 되면 아이들이 이유 없이 짜증을 내고 반항하는 것처럼 말이다. 아프겠지만 뿌리를 적당히 잘라주고 뿌리 쪽 영양분이 가지 쪽으로 올라가지 못하게 껍질을 과감하게 벗겨주어야 하는 때이다.

어느새 아이는 의젓하게 자라 집안의 든든한 기둥이 되고, 친근한 말벗도 되어 가족 구성원으로서 중요한 몫을 하고 있다. 지난날, 얼마나 많은 기쁨과 웃음 속에서도 사춘기의 아픔을 이겨내며 지금껏 성장해올 수 있었던가. 부모 곁에서 언제 그랬냐는 듯 올곧게 자라 밝은 웃음 지어주는 아이들이 새삼 고마울 따름이다.

바람에 흔들리지 않고 피어난 꽃이 세상 어디에 있으랴. 아이들의 사춘기 때 겪었던 수많은 이야기들이 내 인생의 책갈피에 고스란히 꽂혀 가끔씩 꺼내볼 수 있는 것도 감사할 일이다. 튼실하게 자라나는 파킬라를 물끄러미 바라보며 그 시절이 떠올라 나도 모르게 웃음 짓는다.

윤 태 정

충남 서산 출생. 〈수필춘추〉 등단. 미리내수필문학회 회원.

e-mail : yunmiso244520@hanmail.net

하얀 겨울에 떠난 아버지 외 1편

김 국 이

친정아버지의 제일(祭日)을 앞두고 고향으로 향했다. 남동생 집에 행장을 풀고 무심히 창밖을 바라보는데 마치 큰 종이쪽 같은 크기의 하얀 눈이 펑펑 내린다. 근래 그 지방에서는 눈 보기가 쉽지 않았는데 50~60년대로 다시 돌아간 기분이다. 밤사이에 눈이 와서 소복이 쌓인 날은 마당에 눈들을 모아서 작은 눈사람을 만들곤 했다. 나무를 꺾어서 굵은 가지로 눈썹을 붙이고 장난치며 눈 놀이를 즐겼던 겨울 한철의 기억이 저편에 있다.

'70년대 중반쯤으로 생각되는 겨울, 라디오에서 '가을엔 떠나지 말아요. 낙엽지면 서러움이 더해요. 하얀 겨울에 떠나요.' 란 곡이 흘러나오니까 아버지께서 가만히 들으시더니 '그 노래 참 좋다. 하얀 겨울에 떠나면 깨끗하겠다.' 라고 하셨다. 그날 이후로 그 곡을 즐겨들으시던 아버지는 남인수나 고복수, 배호의 레코드판도 여러 장 보유하고 계셨다.

아버지는 내게 참으로 다정다감하셨다. 딸이 많은 우리 집에서 키가 제일 작고 미모도 빠지는 나에게 '너는 동생들보다 공부를 더 많이 해라. 그러면 커버가 된다.' 고 하셨다. 학교에 내야하는 공납금 통지서를 받으면 다음 날 즉시 납부를 해 주셨다. 납부금을 빨리 내는 반끼리 경쟁이 있었는지 잘 모르겠으나, 담임선생님께서 일부러 나를 부르시며 '아버님께 말씀드려라' 라는 얘기를 하실 정도였다.

옷을 살 때도 어머니가 사 주시는 것보다 아버지가 사 오시는 게 훨씬 세련되었다. 이러한 모습을 보고 동생들은 불평을 하곤 했다.

학부형이 모이는 날에는 나까오리 중절모자에 빠이루 오버를 입고 나타나시면 친구들이 아버지를 멋있다고 했던 기억이 난다.

아버지의 형제는 8남매였는데 어린 동생을 한 명 잃어 7남매가 자랐다. 그중에 아버지는 누님을 둔 둘째이며 장남으로 태어나셨다. 윗대는 내리 삼대가 독자로 내려오다가 처음 얻은 장남의 기쁨은 대단했다고 증조모님이 가끔씩 귀띔을 해 주셨다.

어머니는 당시 쌀을 백 섬 이상하고 밭이 몇 뙈기가 있고 지방의 모 공업대학교 앞을 지날 때면 저 자리가 옛날에 우리 산이라고 매번 강조하며 아쉬워하셨다. 이는 중산층 이상은 가는 집안의 맏아들이라는 아버지의 자리에 무게를 두는 눈치였다.

그렇게 태어났지만 의과대학을 다니는 삼촌과 당시 명성 있는 방직공장 사장인 삼촌의 머리가 형을 능가하는 수완에 아버지는 항상 동생들을 감당해낼 수 없었다. 당신의 능력에 차라리 동생들을 이겨보겠다는 의지보다는 마음 넓고 편한 형의 자세가 쉬웠을지도 모르겠다.

아버지의 성격에 비하여 어머니는 누구나 입을 모으는 미모와 남자로 태어났으면 한자리 할 사람이라는 주변의 평을 들었다. 모든 일에 지고는 마음이 편치 않는 카리스마 있는 여장부의 성격을 지닌 탓에 삼촌들과의 트러블은 아버지를 항상 힘들게 했다.

어느 날 의과대학을 다니는 삼촌과 다툰 후에 삼촌의 빈 도시락을 씻으려고 뚜껑을 열면 가끔씩 공부 차 가지고 온 부위별 작은 뼈가 담겨져 있어 깜짝깜짝 놀라게 했다. 도시락 싸기와 시집 가족들의 식사담당을 포기하고 나를 엎고 집을 박차고 나오게 됐다고 한다.

장남과 며느리의 반란에 당혹스러웠겠지만 다행히 조부모님의 이해로 맏아들이 살림을 나니 작은 집이라도 장만하라며 복숭아 밭을 팔아서 살림을 내어주셨다. 그 돈으로 지방에서는 큰 서문시장의 한곳에 자리를 잡고 곡물 장사를 하게 되었다. 매끼 식사 때를 놓칠정도로 손님들이 밀려 들었다. 들어오는 돈은 큰 포대에 한가득씩 담겨졌다. 저녁이면 우리 가족들은 둘러앉아서 돈을 세고 센 돈을 묶을 자전거 타이어 속의 하얀 고무를 자르며 바쁜 저녁 밤을 보냈다. 그러한 상황은 다행히 장사에 수완이 있고 운이 따른다는 평을 받으며 조부님의 기대치를 회복시켜주는 장자의 자존심으로 이어졌다.

그러나 어머니의 가장 큰 문제는 아들을 낳지 못한 것에 대한 미련이었다. 맏딸인 내가 아시동생의 터를 잘못 판 죄로 내리 딸만 4명을 낳았다. 다른 사람들이 다 낳는 아들을 당신인들 못 낳을 리가 없다며 한의원과 점집을 찾아다니며 열심히 노력한 끝에 삼신할머니의 꿈을 꾼 후에 아들 한 명을 얻게 된다. 그러나 어머니의 야망은 아들 한 명은 양에 차지 않았다. 꼭 아들 둘은 낳고 말겠다는 욕심을 부리면서 또 한 명의 딸이 태어났다. 다시 딸이라는 자괴감에 차오르는 화를 참지 못하고 추운 겨울에 얼음물을 벌컥벌컥 들이키며 무리하게 몸을 움직였다. 그러자 병원으로 직행하여 입원, 퇴원을 서너 번 거듭하였다. 동산병원에서는 당시로서 8시간이라는 제일 긴 수술을 했다. 의료보험도 안 되는 그 시절에 그나마 조금 이룬 성공은 서서히 퇴로의 길로 접어드는 것 같았다.

안마당에 큰 거위 두 마리가 꿱엑꿱엑 대문을 지키고 여름이면 마당 한쪽에 심어진 가죽나무 위에서 매미가 쉬지 않고 울어댔다. 겨울에는 마당의 눈 위로 참새 떼들이 포르르 날아들었다. 그러한 70평 단독집 상가에서 살다가 몇 차례 이사를 한 후 무화과 나무가 심어진 50평 상가 집으로 줄어졌다. 그래도 아들을 얻겠다는 혼신의 노력으로 마지막 아들을 또 얻었다. 비록 경제적인 규모는 줄고 가족은 늘었지만 아버지는 장남이니 조부님의 남은 재산이라도 조금은 돌아오겠지 라는 기대감에 마음은 그리 팍팍하지는 않았다.

그러나 명절날이나 집안 대소사에서 아버지 바로 밑의 부자삼촌, 외국에서 7년을 유학하고 온 가문의 자랑인 지식인 삼촌, 군악대의 늠름함으로 때로는 귀여움으로 다가가는 막내삼촌은 언제나 조부모님에게 기쁨을 안겨주었다. 그러한 삼촌들에 비해 장남인 아버지의 패배감을 얼핏설핏 눈치 챈 후 만나는 친지들과의 모임은 나를 슬프게 했다.

맏형으로서의 아버지 마음은 늘 허전했을 것이다. 그런 자리를 우리 딸들은 조부모님을 뵈러 갈 때에는 부모님을 대신하여 즐거움을 주려 애썼다. 아버지 앞에서도 기쁨조가 되어 춤과 노래로 요즘 애들이 재롱떠는 '우리가 있잖아요' 였다.

내가 결혼을 하고 일 년이 지날 무렵 겨울에 아버지는 석 달을 앓으시다가 돌아가셨다. 그리고 삼 년이 지날 쯤에 부자인 삼촌은 TV에서 00회사 부도라는 아나운서의 열띤 해설을 남기며 수십 년간의 부를 마감하였다. 그 무렵에 나는 富와 貧, 生과 死의 연결고리에 대하여 곰곰히 많은 생각을 했다. 어쩌다가 고향의 아는 사람들을 만나면 '우리 지역의 돈 다 너희 집에 있는 것 같더니 그 많은 돈 다 어찌했노?' 라는 말을 들을 때는 돌아서서 눈물을 지운 적도 있었다.

몇 년 전에 친정 집안 대소사에 갔더니 어머니 사촌인 외삼촌뻘 되는 친척이 아버지를 들먹였다. '자형 참 기분파였지. 내가 자주 따라다녔는데 손이 엄청 크셨다. 아마 요즘 돈으로 치면 자형이 쓴 돈은 칠팔억 쯤 될 걸. 노래도 잘 하고 춤도 잘 추는 팔방미인인거라.' 라는 얘기를 들으며 한편 어머니가 속상해 하던 모습들이 기억 속에서 꿈틀거렸다.

모든 면에서 이지적이고 수리에 밝은 어머니가 자식들의 잘못을 나무랄 때에도 다시는 안 볼 것 같이 요절을 내는 독일병정 같았다. 그에 비해 마음이 넓고 자식들에게 욕 한마디 못하시는 아버지의 인품은 항상 따뜻한 의지처이고 숨을 곳이었다.

아버지가 돌아가시던 날은 남편이 지방에 파견을 갔다가 주말에 잠시 병문안 차 처가에 들렀다. 아버지는 힘든 몸으로 일어나서 사위의 손을 잡고 앉으셨다. '삼팔선의 봄과 고향의 봄' 이라는 노래를 두 곡 부르고 자리에 누우시더니 딸을 잘 부탁한다며 눈을 감으셨다. 마침 어머니는 집 옆의 병원으로 의사를 만나러 간 뒤이고 동생들은 방학이라 집을 비워 임종은 맏사위가 한 셈이 되었다.

평소에 시간이 나면 전축을 틀어놓고 음악을 좋아하시던 아버지가 임종을 앞두고 착잡했을 것이다. 사위는 직업이 군인이고, 보고 싶은 딸은 고향을 멀리 떠나 있어서 항상 짠한 어버이의 마음이었을 것이다. 아버지는 내가 결혼하고 신혼여행을 갔을 때도 며칠이나 혼자서 그렇게 우셨다는 얘기를 들었다 그때는 '아버지 왜 그래요?' 라며 철없이 쏘아주기도 했다.

이제 내 나이 예순을 넘기고 보니 이번처럼 눈이 많이 내리는 겨울에는 30년도 더 지난 하얀 겨울에 떠나보낸 나의 아버지가 무척 그리워진다. 우리 국민의 염원인 삼팔선의 철책엔 또 언제쯤 통일의 봄이 오려나, 기다려진다.

아름다운 그 정원에서

경희대학교와의 인연은 수필강의를 듣는 것으로부터 시작되었다. 수업이 시작되는 첫날 본관으로 걸어 들어가면서 말로만 듣던 아름다운 캠퍼스에 여기저기 눈길이 갔다.

길 왼쪽으로 유리하우스를 위시하여 나무들이 어울려 있는 곳곳에는 깨끗이 정돈되어 잔돌 하나도 작품의 형상으로 놓여 있었다. 오른쪽으로 도서관이 웅장하게 버티고 서 있고 조금 지나면 분수를 중심으로 계단이 놓여 있어 노천광장을 연상시킨다.

봄이 되면 분수에서 품어져 나오는 물과 계단 여기저기 삼삼오오 모여앉아서 담소하는 학생들의 모습이 평화로워 보인다. 오른쪽 언덕 위에 세워진 평화의 전당과 고황산이 절묘한 조화를 이루며 어우러졌다는 것이 첫날 캠퍼스를 들어선 소감이었다. 그렇게 시작된 경희에서의 수업은 매주 기다려졌다.

이른 봄부터 꽃 몽우리를 갈무리하여 피워낸 벚꽃의 향연 길은 혼자 보기에 감당할 수 없는 벅찬 환희였다. 시간이 날 때면 학우들과 또는 지인들을 불러들여 캠퍼스에 펼쳐진 꽃축제를 즐기기도 했다. 그렇게 시작하여 철마다 정원에서 피어나는 꽃들의 싱그러움은 늦가을 낙엽이 질 때까지 학교생활의 활력소가 되었다.

도서관에 들어서면 우선 높은 천정이 눈에 띈다. 실내 공기를 정화시키고 속삭이는 소리 하나도 위로 가게 하여 옆 사람에게 방해를 덜 주어 좀 더 집중할 수 있도록 설계된 듯하다. 개인적으로 이사를 자주 다니는 처지이다 보니 몇 곳의 대학을 찾아서 강좌를 들으며 도서관을 찾는다. 그때 느낀 것은 낮은 천정 아래서 책을 보는 것이 집중력을 상당히 떨어뜨린다는 것이다. 그래서인지 도서관에 학생들의 수도 적었던 것 같다.

서울의 기쁨이라고 나름 해석하는 경희에서는 방학만 되면 학교의 어느 곳이든지 수리하고 늘리고 하며 첨단구조물로 바꾸어나가는 것을 10여 년 동안 봐 왔다. 학교 측이 학생들을 위해서 마치 자기 집 가꾸듯이 한다고 여겨졌다.

사람은 누구나 삶을 영위하기 위하여 직장을 가지게 된다. 그 직장이 얼마나 쾌적한 곳이냐에 비중을 둘 때 경희에서 평생을 같이하는 직원들은 전생에 복을 많이 지었거나 현생에서 복을 많이 받는 사람들이겠다 싶을 때가 종종 있다. 물론 짧은 기간이지만 그런 공간에서 공부하는 학생들의 즐거움도 그렇지 못한 곳과의 차별에서는 분명히 많은 축복이 함께한다고 본다.

어느 해에 몇 번 총장님의 존함으로 학생들 개개인에게 보낸 폰

메시지를 받은 적이 있었다. 그 내용을 보면서 경영면에서도 수직적이고 보수적인 경향보다는 수평적이고 민주적인 교풍을 조성하려는 노력을 읽을 수 있었다. 본관 대학원의 교학처 벽면에는 42명의 부총장님으로 구성되어 있다는 내용의 문구와 사진이 크게 걸려 있는데 획기적인 기획이 아닐 수 없다.

대형 운동장은 없지만 고황산의 오솔길을 따라 이 골짝 저 골짝 구석구석에 아담하게 자리 잡고 있는 건물들은 저마다의 특징을 잘 나타내고 있다. 좀 더 젊은 날에 아름다운 그 정원에서 좋은 사람들과의 인연이 있었더라면 하는 뒤늦은 아쉬움이 남는다.

지금도 아름다운 그 정원에서는 더 나은 인간, 더 나은 세계를 향해 많은 재목들이 키워질 것이다. 웅비할 그날을 위해.

김 국 이

경희대 대학원 국어국문학과 졸업. 2004년 〈문예비전〉 수필 등단. 한국학대학원 청계서당 3년 수료. 미리내수필문학회 · 한국불교문학회 · 경희문인회 회원. 어린이집 독서교사 역임. 한마음문화센터 문학강사. e-mail : kgy-214@hanmail.net

매화 향기 외 3편

변정금

밤새 바람이 웅웅거리며 울었다. 쉼 없이 창문을 덜컹거리는 바람 소리는 세월이 아파서 우는 소리처럼 들렸다. 가만히 눈을 감고 귀 기울이니 쌉싸래한 비린내가 나는 파도 소리처럼 아니 맑은 심산 계곡 사이를 헤집고 굴러 다녔던 산자락의 돌 구르는 소리가 묻어 있다. 그렇게 바람 소리는 가랑비에 추적추적 젖어서, 섧디설운 청상 과부가 토해내는 흐느낌처럼 애끓게 밤을 지새고 있었다.

일요일 아침도 어김없이 비 내리는 하늘에서 시작되었다. 간밤에 찬 서리가 내리듯 소리 없이 부슬거리는 가랑비와 밤새 울어대던 세찬 바람을 따라 세상을 향해 훠이 달려가고 싶은 자신을 발견한다. 어느새 스치는 바람도 보레아스(Boreas : 북풍의 신으로 거칠고

황량한 바람을 상징)의 콧등을 지나 에우로스(Euros : 남동풍 또는 동풍의 신으로 따뜻함과 비를 가져오는 신) 손등에 깊은 입맞춤을 한다. 시샘하듯 꽃샘추위가 앞을 가로막아도 어느새 봄은 저만치 자리잡고 있다.

남해를 향하던 발길이 길 가 한 송이 매화를 발견하고는 급하게 하동으로 행선지를 돌렸다. 지난 이틀 밤새 내린 비로 섬진강은 흙탕물로 가득하다. 길 옆으로 굽이굽이 오르다 보니 매화 마을에 이르렀다. 어느새 하얀 눈꽃이 매달린 듯 매화는 이른 꽃망울을 활짝 피우고 있었다. 가까이 다가서니 터진 꽃망울 사이사이에 작고 붉은 꽃봉오리가 한껏 봄빛을 소중히 머금고 있다. 손대기만 해도 터질 것 같은 잔뜩 부풀린 봉오리에는 아이들의 겨우내 얼어붙은 붉은 뺨처럼 차라리 앙증스럽기만 하다.

누가 뭐래도 봄의 전령사는 매화다. 2월 하순이지만 황량한 섬진강 손끝 바람은 고고한 자태를 뽐내는 매화를 시샘이나 하듯 맵고 차가웠다. 희다 못해 쪽빛을 띤 매화의 고혹적인 아름다움은 함부로 손대지 못할 고고함이 어려 있다. 겨울을 이기고 봄을 부르는 매화는 눈(目)이 시리다 못해 푸른 눈(雪)을 함께 품어서 옛 선비들은 설중매라는 또 다른 이름으로 찬양했을까.

복숭아(桃花)인 줄 알았던 분홍색 매화는 홍매화란다. 백매(白梅), 홍매(紅梅) 두 종류의 매화는 보기만 해도 화사하고 매혹적인 향내로 사람들을 보담듯이 끌어당긴다. 은은하고 기품 있는 향기는 밤새 무서리쳤던 차가운 바람을 따라 코끝을 간질이지만 아직은 찬 기운 때문인지 하얀 꽃잎에 겨울이 알알이 맺혀 있는 기분이다. 그래서인지 겉보기는 화려하지만 우아한 기품의 작고 앙팡진 다섯 개의 꽃잎은 오히려 겨울보다 더 서늘한 눈초리를 던지며 도도한 미색(美色)으로 배어난다.

강바람에 옷깃만 깊숙이 여미는 나는 아직도 춥기만 하다. 그런 나에 비하면 작지만 강렬한 매화를 보면서 저절로 고개가 숙여진다. 무엇이든 참고 인내하는 것에는 값지고 소중한 아름다움이 따르기 마련이다. 분명 매화도 이렇게 험난하고 매서운 겨울이 없었더라면 화려하고 겹겹이 싸인 기품 서린 꽃잎과 향기를 품지 못했으리라. 고난과 어려움이 서린 슬픔의 향기는 더욱 짙다고 했으니 말이다.

며칠 후면 이곳 매화 마을에는 지천으로 매화가 만발할 것이다. 그러한 매화가 지고 그윽하게 뿜어 나오는 향기도 어느덧 바람결에 실려 가면 꽃이 진 자리만큼 소담스러운 매실이 주렁주렁 열릴 것이다. 어쩌면 어젯밤 그토록 무수하게 울었던 칼바람도 봄을 위한 향연의 나팔 소리였는지 모른다. 올해도 봄은 매서운 추위를 뚫고 매화 짙은 향기와 함께 어김없이 내 가슴 속에 성큼 다가왔다.

행복 찾기

몇 해 전 큰 태풍이 지난 흔적으로 5층 우리 집 아파트 기와가 모두 휩쓸려 날아가 버렸다. 곧바로 주택관리소에서 일차적인 보수를 했었지만 그것마저 부실 공사였는지 지붕 위에서 아래층으로 흘러내리는 물막이 관은 비가 온 후에는 며칠 씩 언제나 젖어있기 일쑤였다. 그러더니 재작년부터 베란다 안쪽 천장부터 조금씩 까만 곰팡이가 슬기 시작했다. 처음엔 집안의 환기가 잘 안 되어 그러나 보다 싶어 베란다 창문을 열어두었지만 손을 쓸 여유도 없이 급속하게 퍼져나갔다. 곰팡이가 생기는 이유까지도 더욱 부지런하라는 것 같아서 여름 장마철이 지난 후에는 일정하게 시간을 정해두고 베란다의 신발장과 항아리를 전부 들어내고 식탁 의자에 올라서서 물청소를 했다.

하지만 별 것 아닌 것 같은 데도 막상 벌려보니 하루 종일 걸렸다. 의자 위에 서서 베란다 천장을 올려다보며 세제를 푼 솔로 빡빡 미는 것도 고역이었다. 바가지로 물을 퍼부어 천장을 씻다 보면 물에 빠진 새앙쥐 꼴이 되기 일쑤고 그 대가로 몸살을 톡톡히 앓기도 했다. 그래도 게으름의 소치인 것만 같아 모두 감수하고 인내했었다.

그런데 아니나 다를까. 올해는 유독 잦은 비로 인해 며칠 만에 곰팡이가 까맣게 번지기 시작했다. 순식간에 천장을 뒤덮어 버렸고 도저히 집에서 견딜 수 없는 고약한 악취마저 풍기기 시작했다. 하는 수 없이 주택관리소에 연락을 해서 물어보니 역시나 잘못된 수리로 인한 누수였다. 그러나 빠른 시일 내에 조치를 취하겠다는 대답만 공허한 메아리로 다가왔다. 그도 그럴 것이 재촉을 하고 싶어도 계속 되는 비로 인해 재촉을 할 수도 없는 상황이었다.

그렇다고 언제까지 손을 놓고 있을 수도 없고 하는 수 없이 아래층에 일일이 전화를 해서 양해를 구하고 휴일 아침부터 물청소를 시작했다. 이번에는 큰 맘 먹고 창고매장에서 수도꼭지가 달린 호스도 새로 구입을 한 터라 솔과 수세미와 칫솔까지 동원을 한 후 아이들의 노란 병아리 비옷을 입고 곰팡이와의 한판 승부에 돌입했다. 그리고 오전 9시에 시작한 청소는 낮 12시가 훨씬 넘도록 계속되었지만 평소 같으면 모른 척 넘어갔을 남편의 도움으로 이번에는 다른 때보다 훨씬 빠른 속도로 끝이 났다.

어느새 까맣게 곰팡이가 슬었던 자리에는 다시 처음의 연한 하늘색 페인트 색이 나타났다. 그 덕분에 베란다의 커다란 통 유리까지 깨끗하게 목욕재계를 하는 행운마저 누리게 되었다. 깨끗하게 닦고 본 하늘은 저녁에 호우주의보가 내린다는 음침한 하늘까지도 맑게 비추어 주는 느낌이다. 모든 일이 끝나고 나니 해 냈다는 만족감과 뿌듯함으로 인해 실웃음이 흘러나왔다. 이른 저녁을 배불리 먹고 어스름이 몰려드는 초저녁에 이렇듯 베란다에 걸터앉아 시원한 커피를 한 잔 마시니 세상에 이보다 더 좋을 순 없다.

무엇보다 물청소 덕에 온몸까지 흠뻑 젖고 보니 상쾌함이 밀려온다. 마치 마음 속 깊은 곳에 있던 욕심이란 찌기까지 물처럼 내 몸을 통해 빠져나간 기분이 든다. 벽 천장에 붙었던 곰팡이처럼 마음에 피었던 욕심이 세제에 닦이고 솔로 문질러져 깨끗한 샤워기에 씻어내린 듯한 착각마저 들곤 한다. 흐르는 물처럼 내 안의 티끌도 세월에 씻어내고 욕심은 좋은 생각을 지닌 맑은 사람으로 인해 그 더러움을 닦아낼 수 있다면 좋겠다. 그래서 어릴 적 순수하게 가슴앓이로 열병을 앓던 첫사랑처럼 맑고 투영한 본래 모습이고 싶다.

사람이나 물건이나 무엇이건 시간이 지날수록 때가 타고 퇴색되어 본래의 색은 바래지기 마련이다. 원하건 원치 않던, 살아오는 동안 실패와 좌절과 고통으로 인한 환멸의 치졸한 몸부림으로 내 마음의 거울 속에 욕심이란 얼룩이 덕지덕지 붙어버렸다. 그것으로도 모자라 더러운 내 마음의 거울을 통해서 비춰 본 어리석은 잣대로 인해 남을 비추어 보고서 남을 탓하는 이기와 오만과 편견으로 가득 차 있었었다는 걸 모르고 있었다. 그리고도 계속된 불평과 불만으로 스스로의 거울 속을 들여다보고 한없이 작고 초라한 모습에 더욱 좌절했을 것이다.

하지만 이젠 스스로 자책하기에 앞서 욕심의 얼룩을 지워내는 연습을 하고 싶다. 얼룩이 묻어도 거울은 거울이듯이 내가 작고 초라해 보여도 그 모습 그대로가 나의 본 모습이다. 누가 뭐라 해도 나 자신의 본질은 변하지 않으리란 스스로의 확신이 있다. 지금은 그것만이 유일한 희망이자 작은 위안이다. 사람이 항상 행복하면 좋겠지만 행복에 너무 익숙해지다 보면 두 번 다시 행복의 기쁨을 느낄 수 없다고 한다. 어려움을 이겨내고 얻는 행복은 어느 보석보다 더욱 값지고 하늘의 별처럼 소중하게 빛날 것이다.

어쩌면 누수공사를 하지 않은 지붕 때문에 또다시 곰팡이가 생길 것이다. 하지만 오늘처럼 이렇게 힘들게 문지르고 닦아내고 씻어낸 후 유리창을 통해 바라보는 맑고 고운 하늘빛처럼, 앞으로 내게 다가올 많은 어려움과 얼룩이 있을지라도 비워내고 닦아내는, 그래서 가끔 올려다보는 연습만으로도 이젠 충분히 행복해질 수 있을 것 같다.

내 인생의 플라타너스

올해도 어김없이 태풍은 한반도를 강타하며 깊은 상처를 남긴 채 흔적도 없이 사라져버렸다. 다행히도 내 주위 모든 분의 무사한 안위 그 하나만으로도 감사한 추석 연휴가 끝났지만 못내 아쉬운 무엇 하나가 목구멍의 가시 마냥 아무리 삼켜도 내 젖은 목줄에 대롱거리며 걸려있는 기분이 가시지 않았다. 그리고 오늘에서야 그 이유를 알 수 있었으니 그나마 다행이라면 다행일까?

우리 집은 단층 아파트다. 맨 위층의 끝자락에 자리잡은 우리 집 창문 너머로 어느 해부터인가 나무의 잎사귀 한두 개가 화려하게 펼쳐지기 시작했다. 아무리 낮은 건물일지라도 5층 건물 눈앞에서 직접 나뭇잎을 본다는 자체가 쉬운 일도 아니었다. 처음 이사올 때의 3층 건물 높이의 플라타너스 한 그루가 십여 년의 세월을 훌쩍 뛰어넘어 지금은 5층 붉은 기와지붕 높이만큼 그 키를 더해가고 있었다.

그리고 계절이 바뀔 때마다 빨래를 널거나 베란다에 주저앉아 멍

하니 커피를 마시고 바라보는 플라타너스는 봄이면 옅은 향기와 함께 초록의 새순 모습으로 계절의 전령사 역할을 했다. 짙은 녹음이 우거진 여름에는 눈앞에 하늘거리는 플라타너스의 활짝 핀 큰 잎사귀로 언제나 마음까지 그늘을 드리우고 감싸 안고도 남을 만큼 여유로와 보였다. 가을이면 천천히 노랗게 물들어 가는 계절의 여유를 혼자 음미하기에도 아까울 만큼 나와 함께 세월의 한 페이지를 넘기고 있단 생각이 들고는 했다.

그와 함께 플라타너스에도 내 생각의 둥지 마냥 한해는 까치가 집을 짓기 시작했고 해마다 이름 모를 작은 새 둥지 여러 개가 삶의 터전이 될 만큼 크고 우아하고 기품 있는 나무로 변해갔다. 하지만 이기적인 인간이 만든 애증으로 인한 자연의 시샘이었을까?

지난해 루사가 덮쳤을 때 처음으로 가장 높은 가지의 한가운데가 뭉툭 잘려나가는 아픔을 겪어야 했다. 그와 함께 베란다 창가에서 바라보이던 나뭇잎은 내 시야에서 신기루처럼 사라져버렸고 꼬박 일년을 버틴 각고의 시간으로 다른 가지 하나가 새로운 모습으로 겨우 우리 집 창가를 기웃거릴 즈음이었다. 올해의 매미 역시 지난 태풍 못지 않게 거친 비바람을 몰아대더니 결국 아름드리 나무에 또다시 지울 수 없는 커다란 생채기를 남기고 말았다.

작년 한해 다시 창가에 아른거리는 푸른 나뭇잎을 볼 수 있게 되기를 얼마나 바랬는지 모른다. 그리고 나의 작은 소망을 보란 듯이 올봄 아름다운 모습으로 새순을 띄우며 보란 듯이 우뚝 일어서기를 하더니 싱싱한 푸른 잎을 고수하며 무럭무럭 잘 자라나고 있었던 것이다. 그리고 이제 겨우 일상의 내 생활 속에 뛰어들려던 찰나, 어김없이 매미의 무차별 공세에 나무는 다시 잘려나가고 찢겨나가는 고통으로 가지가 널부러져 버렸다.

그래서였을까? 태풍이 온 그날 밤 찢기고 잘려나간 나무의 처절한 비명 소리가 들리는 것만 같았다. 비바람이 치는 내내 창가를 서성거리면서도 부러지는 나무보다도 또 한해를 기다려야 한다는 기다림에 미리 겁먹은 나는 이기적인 마음을 간직한 채 안타까운 눈길로 플라타너스를 지켜보았었다. 그리고 다음 날 아침, 새벽부터 내려다 본 나무는 여지없이 전쟁에서 겨우 살아남은 패잔병처럼 피투성이 상처를 간직한 채 한눈에 봐도 역력히 지친 모습을 나 역시 그 고통에 전이된 아픔인 양 한동안 바라보았다.

그러나 작은 일에도 투정을 부리는 나와 달리 언제나 그렇듯이 자연의 일부인 플라타너스는 올해도 이곳 저곳이 부러지고 잘려지는 인내의 고통까지 감내하며 묵묵히 참고 견뎠다. 단 한마디의 불평도 없이 그 모습 그대로 태풍의 비바람이 멎고 잠잠해지기만을 스스로 기다렸을 뿐이었다. 그런데 신기한 것은 시간이 흐를수록 어려움을 굳건히 견뎌낸 플라타너스를 바라보는 동안 나무가 내 스스로에게 위안이 된다는 사실이었다.

그리고 올해는 무언가가 달라 보였다. 그랬다. 분명히 주위가 달라져 있었다. 아니 달라졌다. 아름드리 밑둥을 가진 플라타너스는 여지없이 크고 작은 무수한 생채기가 생겼음에도 불구하고 나무 주위에 있던 내 아이의 작은 은행나무와 여러 그루의 키 작은 나무들은 한눈에 봐도 간밤의 몸서리치던 비바람에도 무사히 아무 탈없이 잘 견뎌내었다는 것이 신기할 정도였다.

그제서야 플라타너스는 이미 내 마음의 위안을 넘어서 그 존재하나만으로 아름드리나무가 되었음을 알 수 있었다. 사람이나 자연에서든 무엇이나 큰 것은 가장 먼저 눈에 띄고 상처받기 마련이다. 하지만 그 희생의 대가로 나무 그늘 아래서 무수히 자라는 많은 생명이 보호받고 있다는 걸 잠시 잊고 있었던 것이다.

굳이 말하지 않아도 나 역시 마찬가지이리라. 나로 인해 무수히 상처받고 밤새 휘몰아치던 인생의 태풍을 막아주었던 사람은 없었을까? 내가 의식하지는 못했지만 진정으로 나를 사랑해 주며 많은 시간과 정성을 들여 준 플라타너스 같은 사람들을 나 혼자의 이기심으로 당연시 여기며 살아온 것은 아니었을까? 그리고 지금이라도 내 가족들과 내가 스친 많은 소중한 인연들에게 큰 물질적인 혜택은 줄 수 없겠지만 거친 비바람 속에 길 잃고 헤매는 나그네에게 먼 곳의 작은 등불 같이 미약하더라도 영원히 기억될 인생의 바람막이가 되어주고 싶단 생각이 문득 들었다.

올해도 깊어 가는 가을은 다시 심장이 박동 치듯 고통 속에서도 아픔 한마디 토해내지 않고 우뚝 일어선 플라타너스의 남은 잎에도 어김없이 세월의 흔적으로 아름다운 채색을 물들일 것이다. 그리고 나무와 함께 묵묵히 세월과 삶의 무게를 짊어지며 살아가는 동안 먼 훗날 나 역시 언젠가는 인생의 아름드리나무가 되었으면 하는 작은 소망을 무서운 태풍을 꿋꿋하게 이겨 낸 플라타너스를 바라보며 다시 한 번 다짐해 본다.

해운대 백사장에서

다른 해보다 일찍 고속버스를 타고 부산을 향했다. 명분은 설 연휴를 지내기 위해 복잡한 귀성길을 피하기 위해서였다. 그런데 며칠 동안의 불편했던 마음을 해운대 바다를 보며 생각을 정리하고 모두 바다 물살에 흘려보내고 싶기도 했다. 출발 전 부산에서 함께 만나기로 했던 친구는 아쉽게도 나올 수가 없다고 했다. 그렇다고 미리 예정된 발길을 돌리고 싶지는 않아 동래에서 해운대행 버스에 몸을 실었다. 오랜만에 찾은 해운대 바다는 여전히 변함없는 모습으로 그 자리에 그대로 말없이 있었다. 살을 에이는 듯한 차가운 겨울 바닷바람이 뺨을 스치고 지나갔다. 그럴 때마다 소름이 돋우며 베이고 찢기는 듯한 추위가 전신을 엄습했다.

하지만 저절로 이가 맞닿는 추위 속에서 다른 한편으로 가슴이 뻥하고 뚫어질 듯이 속이 후련해졌다. 왜 이렇게 이곳에 다시 오기가 힘들었을까? 일 년에 몇 번씩이라도 오던 부산이 아니던가. 해운대 바다는 언제나 그리움으로 간직한 채 가슴속 깊은 곳에 있었다. 그러한 바다가 예전 모습 그대로 그 자리에 변함없이 있었던 사실을 왜 이제야 느끼는 걸까? 언제나 한결같이 출렁거리며 하얀 물보라를 가르고 모래사장으로 달려와 깊은 흔적을 남기는 바다를 보면서 나의 게으름을 탓하고 싶었다. 얼마나 보고 싶었던 바다였던가? 언제나 보고 싶다고 그립다고 하면서도 이 핑계 저 핑계를 대면서 여태 가슴속에 품고만 살았던 것이다. 조금만 더 부지런했다면 가슴에 돌 하나 얹은 듯한 그리움의 가슴앓이를 하지 않아도 되었을 것이다.

사람이 두렵기 시작한 후부터 자신도 모르게 주위의 자연 경관으로 눈을 돌리기 시작했다. 대개 다수의 사람들은 상대를 알려 들지도 않은 채 겉모습만으로 평가하며 선입견을 가졌다. 무수한 언어폭력으로 상대를 서서히 죽이기 시작했다. 나도 그 중 한 사람이었다. 하지만 언제부턴가 그 날카로운 칼끝이 나를 향하고 있다는 것을 알았다. 보이지 않았던 내 흉터는 깊고 무서운 고통을 동반하면서 사람들이 무서웠다. 도망치고 싶었고 달팽이처럼 자꾸만 움츠려드는 자신을 발견했다. 자신보다 모자란 상대에게는 한없이 관대하다가도 대등하다고 판단될 때에는 낙지처럼 달라붙어 끌어내리기에 여념이 없어 보였다. 독버섯처럼 깊숙이 기생하는 무서운 이중성이었다.

하지만 자연만은 달랐다. 자연은 독보다 더 무서운 입술이 아니라 맑고 청량한 소리로 가슴을 열어 주었다. 대화의 가장 중요한 방법은 입으로 말하기에 앞서 귀로 듣는 법이란 걸 깨닫게 해 주었고 나아가 가슴으로 듣는 법을 알게 해 주었다. 비록 입으로 뱉은 말은 한마디도 없었지만 자연은 내 마음속 심연의 우물을 끌어 올려 무언의 대화를 나누게 하였다. 마음의 상처를 다독거려 품어 안으며 치유해 주었다. 그 경이로움은 말로 표현할 수 없을 정도로 따스하고 성스러웠다. 솔직히 자연보다 무수한 언어들이 난무하는 글을 먼저 발견했다. 글은 굳이 얄팍한 입을 열지 않아도 하고 싶은 말을 할 수 있었고, 내가 아닌 또 다른 내게 들려줄 수 있었다. 하지만 지나고 나서보니 글 역시도 말(言語)과 다를 바가 없어 보였다. 다만 입을 통해서 하는 말을 손으로 표현하는 행동의 차이일 뿐이다.

왜 미묘한 그 차이를 진작 깨닫지 못했던 것일까? 진실했다고 믿었던 글도 돌아서 보면 거짓투성이 위선이었다. 내 글은 영원하리라는 신념도 역시 스스로 속인 기만이었다. 내가 생각한 글에 대한 신념은 철저하게 나를 배반했다. 조롱하고 비웃었으며 무지와 게으름은 글을 적는 것이 고달프다는 이름으로 글쓰기를 포기하도록 강요하고 싶었는지도 모르겠다. 어쩌면 일기 같은 글을 적으면서 스스로의 만족이란 안일함으로 쉽게 포장하고 싶었던 건 아니었을까? 지금처럼 바라보는 눈앞의 바다 그 자체만 찾아서 보고 느끼면 되는 것을 글을 적으며 무얼 더 바라고 있었던 것일까? 그냥 바다는 바다일 뿐이고 글은 글일뿐인 걸 왜 이제야 깨닫는 것일까?

차가운 겨울 바람에 일렁이는 파도를, 조금씩 어둠으로 잠식되어

가는 겨울 바다를 바라보며 이끌리듯 모래사장에 털썩 주저앉았다. 아이들은 추위에도 아랑곳없이 바람을 헤치며 겨울 파도를 마중이라도 가듯이 바다를 향해 달려나간다. 갸르르 웃는 웃음 소리가 얼어붙은 겨울 하늘을 쨍 하고 깨트리듯 투명하리만치 맑게 울려 퍼진다. 파도를 따라 즐겁게 달려갔다가 다시 도망쳐 달려오는 모습을 보면서 갑자기 알 수 없는 울음이 치민다. 왜 나는 바보처럼 남들이 나를 알아주기만을 바랬을까? 아니, 왜 당연히 나를 알 거라고 생각했을까? 그건 오직 글은 말보다 더욱 깊은 진실을 내포하고 있다고 믿은 자신의 어리석음 때문이었을 것이다. 하지만 시간은 절대 그냥 흘러가지는 않을 것이라 믿는다. 시간은 바다처럼 이 자리만 지켜도 어리석은 자신을 깨닫게 할 것이다. 언젠가는 이렇게 어리석은 자신에게 무언의 지혜를, 무언의 가르침을 분명 선사할 것이다.

지금 내가 앉아있는 바닷가의 모래사장도 모래가 부드럽고 많을수록 아름답게 빛난다. 이렇게 많은 모래 알갱이 속에 진정한 아름다움을 발하는 사금(沙金)은 몇이나 될까? 그제야 문득 사람이 살아가는 존재의 이유는 다른 사람의 아름다운 배경이 되기 위함이라는 글이 생각난다. 뇌리 속에 깊이 묻혀 있었던 글귀처럼 이제는 나도 자연의 한 장면으로 조용하게 그려지고 싶다. 비로소 해운대의 아름다움과 가치는 수많은 모래알로 이루어졌기에 더욱 소중하고 귀해 보인다는 사실을 깨닫는다. 그리고 앞으로 나란 존재도 수많은 모래 속의 단 한 알갱이일지라도 해운대 바닷가 모래사장을 말없이 지킬 수 있다면 그 존재만으로도 충분히 아름다운 것이 되리라 믿는다. 삶이란 그 자체가 아름답기 때문이다.

변 정 금

1967년 부산 출생. 문예비전 수필 등단. 현재 전남 광양 거주. 육서문학회 활동. 2003년 대한민국 효 앙양 대회 입상. 2004년 cj 문학상 수필 입선. 미리내수필문학회 회원.

e-mail : jko020630@hanmail.net

색경 외 1편

김재현

무심코 지나쳤었지만 거울의 은덕을 입을 때가 참 많다. 언젠가 회사에 출근해 마땅히 해야 할 면도를 잊고 나왔다는 것을 깨닫고 놀란 적이 있다. 그날은 종일 마음이 불편하고 꺼칠한 아래턱을 괜스레 몇 번씩 쓰다듬어 보곤 했다. 늦게나마 내 모습이 볼썽사나운 줄 깨닫게 된 것도 그 덕분이었다.

어렸을 적에 흔히 쓰던 색경이란 말이 언제부터인지 주위에서 자취를 감췄다. 한자어 석경(石鏡)에서 유래한 말로 충청도 방언으로 색경이라 했다. 석경이란 말이 돌을 반질반질하게 갈아 만든 거울이니 인간은 오래전부터 제 모습을 들여다보고 싶었던 모양이다. 과학문명이 하루가 다르게 발전하는 오늘날에도 자신의 모습을 확인하는 방법만은 신기하게도 아주 먼 옛날의 방식을 그대로 따르고 있다.

내가 일하는 사무실에 대략 육십 명가량이 있다. 고객과 관련된 각종 업무를 담당하는 부서이다 보니 남성보다 여사원 숫자가 훨씬 많다. 어느 날 점심식사를 마친 시간에 칸막이로 나뉜 사무실 통로를 걷다가 내 눈에 신기한 모습이 들어왔다. 건너편 자리에 있는 미스 정, 미스 문 그리고 한자리 건너 미스 리가 같은시간에 손거울을 들고 약속이나 한듯 비슷한 동작을 취하고 있었다. 마치 올림픽 수영종목인 싱크로나이즈를 보는 기분 같았다. 둘러보니 여사원들 책상 위엔 빠짐없이 이것이 한자리 차지하고 있다는 것을 알았다. 손바닥 안에 쏙 들어갈 정도의 작고 앙증맞은 둥근 것부터 지지대 위에서 비추는 각도를 자유롭게 회전시킬 수 있는 것까지 그 크기와 모양새가 각양각색이다. 구태여 열어보지 않더라도 그녀들의 손가방 속에도 영락없이 또 다른 하나가 주인의 손길을 기다리고 있을 것이다. 누구나 이것이 없다면 불편해서 살 수 없겠으나 거울에 대한 남다른 사랑은 여성들을 따를 수 없다.

거울을 들고 좌우로 위로 아래로 요리조리 공들여 비춰보는 여성의 모습이 아름답고 신기롭다. 자신의 모습을 그저 비춰보고 확인하는 차원을 넘어서 무언의 대화를 한다. 자신을 바라보는 그때가 마냥 즐겁고 시간이 가는 줄 모른다. 어느덧 조그만 유리 세상으로 들어가 스스로 공주가 되었는지도 모른다. 그녀들에게서 강제로 떼어놓는다면 그것은 행복을 잃어버리는 것일 뿐이다.

주름으로 가득한 얼굴에 허리가 구부정한 시골 할머니들도 읍내 장에 갈 때 거울 앞에 앉아 머리 빗고 꽃단장을 하는 모습을 본다. 여성은 거울과 평생을 함께한다 해도 과언이 아니다. 더는 거울을 안 보는 시간이 온다면 아마도 여성으로 사는 삶의 마지막 순간이 아닐까.

거울을 가만히 들여다보면 대체로 자신에 대한 사랑과 애정이 자연스레 우러나며 행복감이 든다. 우울하고 슬플 때라면 그 속에 비친 초췌한 자신의 모습에 연민이 우러난다. 이렇듯 비록 생명이 없는 존재이긴 하나 인간과 밀접하게 교감한다.

얼룩이 있거나 먼지가 낀듯 흐릿한 거울을 보면 밝은 달이 구름에 가리운듯 답답하여 얼른 맑게 보이도록 닦아내고 싶다. 욕실에서 따뜻한 물로 샤워를 마친 후엔 뿌옇게 김이 서린 거울을 닦고 나온다. 다음 사람이 그 앞에 설 때 밝고 기쁜 마음이 들게 하고 싶은 것이다.

겉모습만 부지런히 비춰볼 게 아니라 가끔은 자신의 내면도 비춰볼 수 있도록 마음속에 거울 하나 품고 살아가야 하지 않을까. 눈으로는 볼 수 없지만 마음으로는 바라볼 수 있는 거울이다. 수필은 내게 있어 마음을 비춰보는 거울이다. 인생길 위에서 발견하는 잡다한 생각의 조각을 들고 그 앞에서 마음의 옷을 벗는다. 자신을 들여다보는 시간이 길면 길어질수록 티끌 묻은 마음이 조금은 청신해진다. 바쁜 생활일수록 잠시 멈추고 마음의 거울을 마주하는 시간이 그립다. 그 거울에 비친 내 모습이 흐려지지 않도록 언제나 닦고 또 닦는 것을 잊지 말아야겠다.

사막의 해우소

배가 아파 잠이 깼다. 모래바람을 헤치며 네 시간 동안 낙타를 타고 오느라 녹초가 된 몸이 저녁에 먹은 짜파티(얇게 밀어 화덕에 구은 밀전병)때문에 탈이 났다.

인도 자이살메르 사막 한밤중에 당한 일이라 어디로 가야 할지 걱정이 앞섰다. 조그만 손전등에 의지해 무작정 거대한 선인장 군락 뒤로 돌아갔다. 모래를 깊숙이 파고 앉았다. 사막의 건조하고 맑은 밤바람이 얼굴을 씻기어 정신이 들었다. 고운 소금을 뿌려 놓은 듯 무수한 별이 소곤거리는 밤하늘을 쳐다보면서 서서히 찾아오는 평화를 느꼈다.

인도 여행 중 가장 답답하고 불편한 것은 화장실이었다. 달리는 기차 속 화장실엔 두 발을 얹고 쪼그리고 앉으며 두 발판 사이에 조그만 구멍 하나가 뚫려있어 즉시 지상으로 떨어진다. 시내의 유료 화장실을 찾더라도 두루마리 휴지 하나 없고 벽면에 수도꼭지 하나, 그 아래 조그만 플라스틱 통 하나가 덩그러니 있었다. 11억이 넘는 인도의 인구를 고려하면 수목을 대량 벌목하지 않아도 되니 자연보호에 앞장서는 행동이다. 사실 물로 뒤처리를 하는 것이 더 청결하고 위생적이라는 의견도 있긴 하다.

장소를 불문하고 어느 곳에서나 쉽게 배설의 장소를 구하는 인도인이다. 이와 달리 사돈집과 뒷간은 멀어야 한다는 우리네 속담에서 느껴지듯, 무의식 속엔 은연중 그곳을 피하려는 생각이 엿보인다. 선생님께서 내리는 벌 중에서 아이들이 가장 싫어하는 것도 화장실 청소가 아니던가. 그런데 이와는 사뭇 다르게 굳이 볼일을 보고 싶은 사람이 아니더라도 일부러 찾아가는 장소가 있다.

오스트리아 빈, 세계적으로 유명한 음악과 관광의 도시답게 해마다 수많은 사람이 베토벤, 모차르트 같은 천재 음악가들의 발자취를 더듬기 위해 찾는 곳이다. 빈의 어느 지하철역 입구에 자리한 그 이색적인 장소는 '오페라화장실' 이다. 입구에선 삼삼오오 여행객들이 입장료를 내고 있었다. 실내에는 어디선가 한 번쯤 들어본 듯한 음악이 잔잔히 흐르고 오페라 '돈 조반니' 포스터가 멋스럽게 벽을 장식하고 있었다. 그곳에선 물을 내리는 소리도 예술적으로 들린다는 말이 그럴듯했다. 먹고 마시는 데도 문화가 있듯이 배설에도 문화가 있어야 한다는 말에 동감한다. 이쯤이면 더는 화장실이 외면과 혐오의 대상이 아니라 생활과 문화의 중심으로 들어와 당당히 자리 잡은 모습이다.

그러고 보니 기억에 남는 곳이 또 한군데 있다. 노르웨이 바이킹

박물관에 갔을 때였다. 바이킹들이 타던 세 척의 배와 함께 전시된 생활용품을 둘러본 후 출입구 옆 공중 화장실에 들렀다가 뜻밖의 모습을 보았다. 사람들이 내부 수도꼭지에서 물을 먹고 있는 것이 아닌가. 외국에선 고급 호텔에 머물 때도 배탈을 우려해 수돗물 대신 생수를 사서 마시는 것이 상식인데 하물며 다수가 이용하는 공중 화장실의 물을 서슴없이 마시다니. 그곳 물은 빙하가 녹은 청정한 물이 솟아오르는 생수로 오슬로에서 제일 차면서 가장 물맛이 좋으니 꼭 한번 마셔보라고 했다. 처음에는 반신반의하다가 살짝 물맛을 보고선 주저 없이 들고 있던 빈 생수통에 가득 담았다. 이런 일급수가 별도의 장소가 아닌 화장실에 나오게 해 여행객들에게 깊은 인상과 아름다운 한편의 추억으로 남게 해 주니 참 기발한 생각이다.

다소 원색적으로 들릴지 모르겠으나, 인생이 무엇인가 하는 물음에 누군가는 위로 먹고 아래로 배설하는 것이라 했다. 잘난 사람이든 못난 사람이든 누구를 막론하고 인간이라면 잘 먹고 잘 배설하여야만 건강을 유지할 수 있다는 데는 의심의 여지가 없다. 그럴진대 이 세상에 손쉽게 이용할 그곳이 없다면, 설령 있더라도 소통이 안 되어 뱃속이 뻐근하다면 얼마나 큰 고통일까. 이런 공간의 소중함과 소통의 철학을 담아 이곳을 근심을 푸는 곳 또는 번뇌가 사라지는 곳, 해우소(解憂所)라 한 것은 얼마나 절묘한 우리만의 표현인가.

배설의 행위가 인간과 자연이 서로 순환하고 소통하는 일이라면 화장실은 더는 기피의 대상이 아니라, 오히려 우리 생활과 마음속에 가까운 존재이다. 문을 닫을 때 느끼는 고마움이 문을 열었을 때보다 클 때 성숙한 사람이라고 한다. 근심과 번뇌를 사라지게 하는 자비로운 그곳을 이제는 따스한 눈으로 바라보고 싶다.

모래를 수북이 덮고 일어섰다. 맑고 차가운 바람이 스치는 사막의 밤하늘에는 별빛이 소복이 내리고 있었다. 잠시나마 자유와 해탈의 순간을 맛보았던 사막의 해우소였다.

김 재 현

경기 인천 출생. 단국대 기계공학과 졸업. 문예비전 등단. Motorola Korea Ltd 거쳐 현재까지 Advanced Semiconductor Engineering 근무. 미리내수필문학회 회원.

e-mail : jhkim@asekr.com

그리움 외 1편

이 경 란

가끔 남편과 함께 장에 가는데 그이는 군것질하자고 한다. 어릴 때 시어머니와 장을 보러 가면 바람떡이며 녹두전이며 곰장어 구이를 사 주셨다고 한다. 엄마 따라 장에 온 아들이 맛있고 즐겁게 주전부리를 하는 다정한 모습이 훤하게 떠오른다. 장을 이리저리 둘러보며 한가롭고 즐거운 시간이었을 것이다. 장을 볼 때 무언가에 쫓기듯 빨리빨리 서두는 내 모습을 다시 한 번 돌아보게 했다.

시어머니는 어떤 음식도 잘했다. 맛도 있고 보기도 예쁘게 꾸미기를 좋아하였다. 그렇게 예쁜 음식을 처음 보았을 때 좋았고 나도 그렇게 음식을 만들고 싶다는 생각을 했다. 시아버지께서 직장을 다니실 때 도시락에 색깔별로 여러 종류의 음식을 예쁘고 맛깔스럽게 싸주어 직장 동료가 아버님을 무척 부러워하셨다고 한다. 김장도 거의 혼자서 백 포기 이상을 하셨다고 한다. 삼십 포기도 힘들어 친구 부르고 남편과 아들의 도움을 요청하는 나를 생각하면 어머니는 굉장히 생활력이 있으신 분이다. 그 많은 것을 혼자 다 하시고 배추 나르기, 마늘 까기, 땅에 김칫독을 묻는 것만 시아버지와 아들 셋이 도와주었다고 한다. 일을 다니시던 어머니는 밤새도록 김장을 하셨고 새벽에 일을 가셨다.

아들 어릴 때는 옷도 거의 사입히지 않고 시어머니가 얻어다 입혀 주었다. 생활이 넉넉하지 못했던 시절이라 돈이 안 드니 고맙기도 했지만, 한편으론 속상했다. 나도 어릴 적부터 얻어 입어 본 적도 없는 옷을 시간이 훌쩍 넘어선 지금에 헌 옷을 입혀야 했기 때문이다. 지금도 그 생각을 하면 마음이 아프다. 그래도 아이는 무럭무럭 컸고 남의 것을 물려 입혔다는 표시는 어느 곳에도 없다. 내가 다시 신혼이 되어 아이를 키우게 된다면 새 옷만 고집하지도 헌 옷만 고집하지도 않겠다.

어느 방송에서 노래방에 나가는 주부들과 인터뷰하는 것을 보았는데 그들이 거기서 돈을 버는 것은 자식들 과외비와 남들 못지않게 잘 입히고 잘 먹이고 싶어서라고 했다. 자식들이 원하는 것을 다 해 주고 싶은 마음에서 그 일을 선택했다고 한다. 향락적인 분위기에서 돈은 많이 벌어 자식들에게 물질적인 힘이 될지 몰라도 자식들의 인생에 대한 공허감은 어떻게 채울지 의문이다. 돈이면 무엇

이든 해도 된다고 생각하거나 그저 쉽게 사는 법을 자식들에게 가르치는 것은 아닐까

시어머니는 명절이면 십 리 길을 걸어 떡을 해 오셨다고 한다. 김이 모락모락 나는 떡을 머리에 이고 오는 시어머니를 기다리며 삼형제는 어두운 저녁거리를 서성이었다. 식구들 먹일 욕심에 바삐 걸으시며 땀을 닦는 모습이 그려진다.

젊어서 그리 대단하게 생각하지 않았던 게 나이가 드니 소중하게 여겨지는 것이 있다. 특별하거나 남다른 인생을 사신 것도 아니지만 오십이 넘은 며느리는 이제야 그런 그분이 답답해 보이지 않는다. 욕심내지 않고 순간순간 열심히 살아오느라 애썼던 그분의 지난 세월이 가슴을 적신다. 다음번 요양원에 면회 가는 날엔 굳어진 팔다리를 정성껏 주물러 드리며 조금 더 건강하게 오래 사시길 빌어야겠다.

잊혀지지 않는 이

추웠던 어느 겨울날 시어머니께서 매우 아프셨다. 폐렴 증세로 호흡이 어려워 금세라도 숨이 넘어갈 듯해 급히 대학병원으로 모셨다. 연세가 많은 분이 쉽게 걸려 돌아가시는 병이라고 하니 겁이 덜컥 났다. 동서들도 사정이 여의치 않아 막내며느리인 내가 돌보아야 했다. 살림하면서 자원봉사하면서 어머니를 돌보는 길은 집 가까이 모시는 것이 제일 좋은 방법이었다.

중환자실에서 일주일 남짓 집중 치료를 받고 나서야 다행스럽게 증세가 회복되어 일반 병실로 옮겼다. 계속 마음을 놓지 못하고 온통 신경이 거기에만 가있는 일주일이었다. 한고비가 넘어가니 다른 문제가 다가왔다. 어머니를 돌봐야 할 사람을 구하는 일이었다. 폐가 나쁘니 목에 가래가 끼어 한 시간마다 기계로 제거해 주어야 하기에 옆에서 24시간을 지키고 있어야 했다. 옆에서 지켜주는 사람을 구하지 않고는 내가 쓰러질 것만 같았다.

병원 복도에 붙어있는 광고를 보고 간병인 협회에 전화를 걸었다.

돌보기 쉬운 환자를 간호할 사람은 많아도 가래를 뺄 줄 아는 사람은 몇 안 되고 그나마 다 파견되었다고 했다. 애가 타들어 가는 것 같았다. 계속 연락을 하고 기다리다가 몇 시간 후 겨우 한 사람을 만날 수 있었다. 그녀는 오자마자 사례비 이야기부터 했다. 정해진 기본요금에다 식사비용까지 더 달라 했다. 일요일은 집에 가서 일주일 먹을 반찬을 준비해야 하니, 다른 간병인을 두어야 하고 대신할 사람에겐 정해진 요금 이상 더 주어야 한다고 했다. 그런 그녀의 모습을 보며 당장 나가라고 소리라도 지르고 싶었다. 협회에 전화 걸어 너무 돈을 많이 요구한다고 화를 내니 중환자를 간호할 수 있는 사람이 더는 없으니 잘 타협을 보라고 했다. 사랑하는 사람이 아프니 무엇이든 해 주고 싶어 하는 보호자의 마음을 악용하여 부르는 것이 값이라는 말을 들은 적이 있다. 내 일 아닐 때 이런 말을 들었을 때는 그냥 넘어갔는데 막상 이런 일을 당하니 황당하고 돈밖에 모르는 사회가 야속하기만 했다.

간병인이 자정 무렵에 내게 전화 걸어 지금 환자가 돌아가실 것 같아 무섭다며 만일 운명하셔도 자기에게 책임을 묻지 말라고 했다. 간신히 달래어 전화를 끊었지만, 우리 부부는 밤새도록 잠을 설쳤다. 같은 병실 주위 사람들도 그녀가 말만 많지 간호가 서툴다고 내게 슬쩍 말해 주었다. 힘든 하루하루였다. 불행하게도 얼마 못 가 시어머니는 증세가 다시 나빠져 중환자실로 옮겨졌고 그곳에선 별도로 간호할 사람이 필요 없었다. 일이 끝났을 때 다들 웃돈을 준다며 돈을 더 요구했지만 처음 약정한 금액 말고는 한 푼도 더 주질 않을 만큼 화가 나 있었다. 하지만 지금 생각해 보면 중환자를 살피느라 얼마나 고생이 많았을까 하는 생각이 든다. 돈이 남들보다 더 필요했기에 다른 간병인들도 다 피하는 가래 제거하는 일을 하지 않았을까 하는 생각이 들었다. 본인은 환자의 죽음을 옆에서 한번 봤는데 많이 무서웠고 자신의 책임인 것 같아 몹시 괴로웠다고 한밤중에 두서없이 말했던 생각도 난다. 그땐 그녀에 대한 선입감에 속으로 화만 냈는데 알게 모르게 고초가 무척 많을 거라는 생각을 하니 화가 풀리고 그녀의 마음이 조금 스며든다.

그렇게 시간이 흘러 하늘이 도왔던지 병세가 호전된 어머니를 일반 병실로 옮길 수 있었다. 병실에 가서 계속 간병인 협회와 전화를 했지만 구하질 못하고 있자, 우리 침대 맞은편에 있는 환자 보호자가 내가 안 되어 보였는지 살짝 귀띔을 해 주었다. 옆에 있는 할아버지를 보살피는 여인이 하루 지나면 그만두는데 그녀에게 부탁해 보라고 했다. 몇 주일 지켜보았는데 손끝이 야무지고 몸가짐이 참하고 성실하고 착해 정성 어린 간호를 해 주며 부지런하고 이 일에 경험이 많다고 말해 주었다. 물에 빠진 사람 지푸라기도 잡는다는 심정인데다 사람까지 괜찮다고 하니 그렇게 반가울 수가 없었다. 나는 일을 부탁했고 그녀는 승낙해 주었다. 급여를 어떻게 해 드려야 하느냐고 물으니 규정 대로 알아서 해달라고 했다. 밤마다 가래를 빼주느라 피곤한 모습이 역력했지만, 덕분에 어머니는 조금씩 좋아졌다. 고생하는 것이 안쓰러워 고맙다고 말했더니 당연한 것 아니냐고 겸손해했다. 나중에 그 사람이 그만둘 때 감사의 표시를 해야겠다는 생각이 저절로 들었다. 마침내 시어머니는 퇴원하여 다시 요양원으로 가실 정도로 회복되었다. 두 번째 간병인의 지극한 정성 덕분이다. 퇴원하는 날 추가로 수고비를 더 얹어주며 기쁜 마음으로 우리는 헤어졌다.

마음으로 일하는 사람은 많지 않은 것 같다. 처음 간병인은 물질에만 관심을 두며 일했으나 두 번째 사람은 따뜻한 마음을 가지고 가족처럼 돌보았다. 그 마음 씀씀이가 내게도 전달되어 수고비를 주는데 하나도 아깝지가 않았고 그 사람의 됨됨이가 잊혀지지 않는다. 세상에서 이런 모습을 좀 더 많이 볼 수 있었으면 얼마나 좋을까 하는 생각을 하다가 나는 과연 어떻게 살고 있을까 생각해보았다.

이 경 란

전라남도 신안군 출생. 중앙대학교 독문과 졸업

문예비전 수필 등단. 미리내 수필문학회 회원

e-mail : lkl1962@empal.com

바쁘고 바쁘다 외 2편

임 영 희

요즈음 몸과 마음이 어느 때보다 바쁘고 바쁘다. 과욕을 부리는 것은 아닌가하는 생각이 든다. 손을 꼽아보니 다섯 손가락을 모두 꼽아야 할 정도다.

처음에는 마음을 골똘히 가다듬을 수 있는 서예를 배우고 싶었다. 서예는 마음을 안정시켜 주고 잡념을 잠시나마 잊을 수 있게 했다. 전서(篆書)를 열심히 쓰다보니 해서(楷書)를 쓸 단계에 이르렀고 요즈음은 초서(草書)를 배우고 있는 중이다.

어느 날 그림도 욕심을 내게 되었다. 하지만 타고난 소질도 없는데다 남들 보다 노력도 덜 들이고 그럴 듯한 그림을 얻고 싶다는 욕심만 앞섰다. 선생님 본채만 받아들고 돌아오곤 하는 날이 점점 많아졌다. 늘질 않는다고 불평도 했다. 그러나 그림을 그리다보니 한지에만 그리는 것이 아니라 마음에도 그린다는 사실을 깨닫게 되었다. 하늘색도 칠했다가 노랑 파랑 분홍색도 칠해본다. 회색바탕은 알록달록 무지개 빛깔로 가득 채워져 우울했던 마음이 어느새 환해졌다. 그러면 불평은 쏙 들어가고 그림을 그리길 잘했다고 혼자 중얼거리곤 했다.

오늘은 기타를 치러가는 날이다. '따리리따라라 따리리따라라' 선생님의 기타줄 튕기는 소리가 유난이 가슴으로 날아든다. 그 소리 속에 옛 추억이 함께 묻어서 마음을 흔들어 댄다. 코드도 떠듬떠듬 잡고 박자도 놓치기 일쑤다. 그러나 기타 소리는 한때의 추억 속으로 이끌고 가기도 하고 또한 어느 날 무대에 서서 기타를 연주하는 내 모습을 상상하며 즐거움에 빠지게도 한다.

탁구도 요즘 내가 누리고 있는 여가 중의 하나다. 태어나서 처음 잡아보는 탁구 라켓이었다. 옆에서 구경만 했지 내성적에다가 움직이기를 별로 좋아하지 않는 내가 탁구를 치리라고는 생각도 못했다. 늦게 시작하였지만 열심히 해 보려는 한다. 폼이 중요하다고 하는 코치선생님의 가르침에도 열심이다. "너무 예쁘게만 치려고 한다. 힘이 없다." 하며 질타를 쏟아붓는 코치선생님의 말에 땀을 뻘뻘 흘리며 열심히 뛴다. 이왕 시작했으니 열심히 해 보리란 생각에 찌는 듯한 삼복더위도 아랑곳 하지 않고 열심을 냈다. 지금은 "폼이 좋고 잘한다."는 추임새도 가끔 듣는 편이다. 내가 친 공이 내게 다시 돌아오고 다시 또 왔다 갔다 하면서 '핑퐁 핑퐁' 부메랑이 되어 날아다닌다. 인생도 이렇게 주고받으며 살아가야 하는 것이 아닐까. 받은 것을 되돌려 줄 수 있는 넉넉한 마음이 내 삶 전체 속에서 부메랑 되어 날아다니길 희망해 본다.

이뿐 아니다. 어느새 어깨춤을 추면서 흥겹게 장구를 친다. 그런데 장구는 혼자만이 울리는 악기가 아니다. 꽹과리 소리가 목청을 돋우고 세상을 새삼 깨우려는 듯 둥둥둥 북소리가 제 몸을 떨며 있는 힘을 다해 운다. 어깨 추임새를 곁들여 흥에 겨웁다 보면 어느새 세상 시름은 온데간데 없이 사라진다. 온갖 악기들이 어우러져 흥을 만들어 내듯 세상도 각기 다른 이들이 어우러져 맛깔나는 삶을 연주한다면 얼마나 좋을까.

어린 시절은 형제가 많고 가정형편이 어려웠다. 내게는 남다른 배우고 싶은 욕심도 많았다. 가난은 그 욕심을 해결해 주지 못하였다. 나이가 들면서 그러한 기억들이 내게 조급증을 일으키지 않았는가 하는 생각을 하게 된다. 형편이 나아지자 그 배움에 대한 열망을 채우기 위해 이처럼 분주한 나날을 보내고 있는 것 같다.

그런데 나이가 들면서 배우는 배움은 예전과는 많이 다르다는 것을 알았다. 어린 시절 배움에 대한 욕구로 시작했지만 결과보다는 과정을 즐길 줄 알게 되었다. 서예를 배우면서 마음을 다스리는 법을 알았고 그림은 내 인생을 아름다운 빛깔로 물을 들여 주는 듯하다. 탁구를 치면서 남을 배려하는 자세를 익히며 장구를 치며 어우러지며 사는 삶을 희망하기도 한다. 그렇담 요즘처럼 바쁜 나날들은 인생의 이치를 새로이 가르치려고 내게 찾아온 것일까.

오늘도 나는 정말 바쁘고 바쁘다. 분주히 현관문을 나서는데 오늘따라 가을하늘이 유난히 높다.

사랑 보따리

일산오일장이 열린 날이다. 3일과 8일이면 어김없이 오일장이 열린다. 해가 뉘엿뉘엿 질 무렵에 장바구니를 들고 집을 나섰다. 시끌벅적하고 복잡한 거리를 두리번거리며 뻥튀기장수가 "뻥이요" 하는 소리에 놀라 도망가기도하고 여기 기웃 저기 기웃 구경하다가 강아지 파는 곳은 귀엽지만 냄새에 코를 쥐며 미끄러져 내려갔다.

볼거리 입을 거리의 유혹을 뿌리치며 지나쳐서 먹을거리로 가득한 곳에 발길이 멈추었다. 닭고기는 아들이 좋아하는 거니까 큼지막하고 좋은 토종닭으로 사고 조기는 남편이 좋아하는 거니까 사야지하며 사다보니 봉지 수는 하나씩 발걸음을 한발 한발 옮길 적마다 늘어났다. 딸이 좋아하는 떡볶이도 사고 내가 좋아하는 장미꽃도 한 다발 샀다.

양손엔 봉지 봉지 장을 본 먹을거리가 그득했다. 팔이 빠질 정도로 아파오고 힘이 들었지만 싱싱한 먹을거리를 싸게 샀으며 식탁에 꽂아놓을 예쁜 장미꽃도 사서 기분이 좋았다. 정성껏 만든 음식을 맛나게 먹으며 좋아할 식구들의 모습을 생각하니 절로 웃음이 났다. 집에 돌아와 장보따리를 내려놓고 보니 한 차 분량이다. 오~ 어찌 저 많은 것들을 들고 올 수 있었을까?

예전에 막내아들 승진이가 어릴 때 일이다. "어떤 사람이고 쌀포대는 들라해도 못 들어도 내 애는 안고 다니지 저 마른 몸으로 그 큰 애 안고 다니는 거 보면 신기해, 예쁜 내 애니까 안을 수 있는 게야" 라고 아버님이 하시던 말씀이 생각난다.

그래 맞아, 사랑이 있기에 무거워도 들을 수 있는 거야. 사랑의 장보따리는 우리가족 모두에게 행복을 먹게 해 주었다.

장미향이 온 집안에 그윽하다. 내 맘속에도 장미향이 피어오른다.

코끝 찡한 봄냄새가 납니다

따뜻한 봄날이었다. 어떤 봄나물들이 시장에 나와 있나 이곳저곳 둘러보며 발걸음을 옮겼다. 봄은 봄인가 보다. 온갖 나물들을 뜯어서 들고 나온 할머니들이 옹기종기 모여앉아 팔고 계셨다. 다양한 봄나물들이 장터에 널브러져 있는 가운데 산에서 나는 산두릅이 유독 눈에 띄었다. 비싸다는 생각이 들어 살까말까 망설이던 중에 불현듯 돌아가신 시부모님 생각이 났다.

시부모님은 봄이면 두릅을 한 자루씩 꺾어 오셨다. 거실에 봄내음과 함께 한가득 풀어 놓고는 뿌듯해 하셨다. 나물들끼리 닿으면 검게 탄다고 피곤하셨을 텐데도 늦은 밤까지 나물을 데치시던 모습이 눈에 선하다.

우리 식구는 두릅 중에 엄나무 순(개두릅)을 제일 좋아한다. 금방 따온 두릅을 끓는 물에 살짝 데쳐서 고추장에 찍어먹으면 향이 진하고 식감이 좋다. 양념에 무쳐서도 먹고 이웃들에게 맛보라고 나누어주기도 한다. 남는 건 냉동시켜 놓기도 하고 말려 두기도 하였다가 겨울에도 꺼내먹고는 하였다. 두릅은 쌉싸름한 맛이 일품이다. 간혹 세어서 가시가 있는 걸 먹었을 땐 입안이 살짝 찔려 상처가 난 적도 있지만 맛나게 먹었던 기억이 생생하다.

산나물은 물론이고 고사리도 나는 곳을 알아놓고서 해마다 꺾어 오셨다. 산에서 나는 고기라는 고사리는 살이 포동포동하여 부드럽고 맛이 있었다. 지금은 그러한 고사리를 먹기가 쉽지 않다. 그때 우리는 귀하고 싱싱한 두릅을 다른 어떤 나물보다도 실컷 먹었다.

국산 고사리는 줄기가 짧고 가늘며 줄기 윗부분에 잎이 많다. 색감은 연한 갈색이고 털이 적으며 질감은 연하다. 중국산은 줄기가 길고 굵으며 줄기 윗부분에 잎이 별로 없다. 색감은 진한 갈색이고 털이 많으며 질감은 질기다고 한다. 북한산 마른 고사리가 눈에 많이 뜨인다. 요즈음 고사리가 중국산은 대부분 삶아져 나온다는데 생 고사리는 국내산일지 의심스럽다.

지금도 우리 아이들은 다른 집 아이들 보다 나물반찬을 잘 먹고 좋아한다. 아마도 어려서부터 할머니가 산에서 뜯어 오신 나물들을 먹어나서 그런 게 아닌가 싶다.

예전에 시부모님은 산나물을 하는 날이면 새벽같이 일어나셨다. 울퉁불퉁한 시골길을 덜덜거리는 버스를 타고 깊은 산속을 이리저리 누비셨을 것이다. 나물을 뜯는 동안 손에도 발에도 가시가 박히고 생채기도 나고 더워서 땀을 비 오듯 흘리셨을 것이다.

손은 검푸른 풀물이 들고 땀 범벅이된 얼굴은 벌겋게 그을리셨다.

긴팔을 입었지만 햇빛알레르기로 피부가 불긋불긋 솟아올라 가려워서 긁는 것을 여러 번 보았다. 놀이삼아 간다 했지만 얼마나 힘이 드셨을까? 위장이 좋지 않았던 내게 귀한 두릅을 위장에 좋은 것이니 많이 먹으라고 챙겨주셨다. 그래도 감사하기는커녕 많은 나물을 다듬는 것이 힘들어서 철부지처럼 귀찮아하던 나 자신이 부끄럽다.

세월은 흘러 시부모님은 가셨어도 기억 속에 영원히 봄에 나는 두릅을 보면 생각날 것이다. 두릅 데칠 때 풍기는 봄 냄새가 코끝을 스치며 내 마음을 흔들어 놓는다. 오늘은 온갖 나물 듬뿍 넣고 코끝에 찡한 봄내음을 맡으며 산채비빔밥을 맛나게 비벼 먹어야겠다.

林 英 姬

강원도 철원 출생. 호 : 소봉(素琫) 아정(雅停). 경기여고 · 한국방송통신대학교 중어중문학과 졸업(아동학 전공). 문예비전 수필 등단. (현)문화복지협의회-북북 동화구연. 주엽어린이도서관 동화구연. 미리내수필문학회 회원.

e-mail : lyhu58@hanmail.net

3

〈특별대담 : 서정범 교수〉

우리말과 우리 문학의 고향찾기

대담 : 한동희 (한국수필가협회 부이사장)

김주안 (문예비전 편집국장, 정리)

장소 : 경희대 교수회관 210호

일시 : 2005년 3월 7일 오후 4시

경희대 정문을 들어서자 신학기를 맞아 캠퍼스에는 젊은 학생들로 활기가 넘쳐났다. 만학을 위해 캠퍼스를 드나들던 일이 어제 일 같다. 한때 젊은이들 속에서 내 나이는 온데간데 잊고 몸도 마음도 한없이 풋풋하게 느낀 적이 있었다. 오늘 경희대 교수회관으로 뵈러가는 서정범 교수님은 만년 청년으로 사시는 비결이 무엇일까 생각을 해 본다. 그동안 이뤄놓은 학문적 업적과 문학작품은 물론이요, 아직도 식지 않는 학문 연구와 문필에 관한 정열은 여느 젊은이 못지않기 때문이다. 어느 한날도 교수님의 연구실에는 불이 꺼지는 법이 없다. 우리말과 우리 문학의 고향을 찾기 위한 연구가 치열하게 계속되고 있다. 생각컨대 이 시대가 낳은 학문과 문학의 비범한 거목임에는 틀림이 없다. 교수회관으로 오르는 돌계단은 매우 가파르다. 평소 두 계단씩 뛰어오른다는 교수님과는 달리 숨이 턱에 차오른다. 연구실 방문 앞에서 겨우 진정하고 문을 두드렸다. '예' 하는 교수님의 목소리가 카랑카랑하면서도 정감이 어린다. 한때는 면도칼이란 별명도 얻은 적이 있었지만 지금의 제자들에게는 더없이 자상하고 인간적 깊이의 사랑을 느끼게 한다.

한동희 : 교수님 여전히 바쁘시지요. 요즘은 주로 무엇을 하시는지요. 건강은 좋으시지요.

서정범 : 작년에 오끼나와 섬에 가서 수집한 자료를 현재 정리하

면서 『국어어원사전』 증보판을 낼 계획을 가지고 있어요. 늦어도 내년 중에는 나올 것 같아요. 『국어어원사전』이 나온 지가 금년들어 벌써 5년째인데 그 후에 자료들이 새로 발견된 것과 보충할 것도 있고 빠진 단어들도 넣고 이러한 작업을 현재 하고 있어요. 1년간으로 될지는 모르겠지만 증보판 발간을 내년으로 잡고 있어요. 건강은 좋아지기도 하고 어떤 때는 기력이 떨어지는 듯도 하고 그래요. 건강이라고 하는 것은 정신력도 중요하지만 나이의 무게는 어쩔 수 없나봐요. 내 나이에 이만한 건강은 비교적 좋은 편이예요. 다른 사람들이 모두들 그렇게 말해요.

김주안 : 어학과 문학의 길을 걸어오시면서 교수님은 누구보다도 독보적인 영역을 확보하셨습니다. 어학분야에는 『한국 특수어 연구』를 비롯하여 『우리말의 뿌리』 등 수 권에 달하는 저술을 하셨습니다. 이를 다시 수정, 보완한 『국어어원사전』 발간은 우리 국어학사의 커다란 업적으로 길이 남을 것입니다. 『국어어원사전』이 다른 사전과 차이점이 있다면 어떤 것일까요.

서정범 : 다른 사전들은 편저(編著)로 되어 있는데 이 어원사전은 새로운 방법론을 제시하고 새로운 방법론에 의해 어원을 밝혔기 때문에 기존의 사전과는 획기적으로 다르지요. '저(著)' 에 해당하는 사전이지요. 사전류에서 '저(著)' 라고 하는 것은 극히 드물어요. 새

로운 방법으로 혼자 했고 다른 사람의 어원 자료를 응용하지 않았습니다. 우리말의 뿌리를 찾아내고 선사시대 언어와 소실어도 밝혀내고 이에 대한 법칙을 정립하여 재구성한 우리말 최초의 어원사전이지요. 내가 발견한 방법론은 알타이어권 즉 몽골이라든지 터키라든지 퉁구스어, 일본어 등의 어원사전을 만드는데도 사용될 수 있습니다. 소실어를 찾아내는 방법론은 알타이어권에서 논의 된 적이 없어요. 소실어라면 없어진 말인데 없어진 말을 자료가 없는 상태에서 어떻게 찾아내겠어요. 거의 불가능한 일에 가깝습니다. 그 일을 내가 해야겠다고 하고 65세 정년 퇴임을 하면서 공약을 했어요. 그동안 죽음의 준비를 하면서까지 전력을 다해 만들었어요. 이 사전은 아주 독창적입니다.

한동희 : 『국어어원사전』이 나온 이후 학계 반응은 어떠했나요.

서정범 : 어원사전이 나오자 일본출판사에서 번역하자는 이야기가 나오고 계약단계까지 갔었어요. 그런데 번역본을 만들려면 그 제작비가 상당하잖아요. 그리고 이 사전은 돈버는 일이 아니기 때문에 출판사에서는 문화사업으로 기획을 했어요. 일본어의 조어(祖語)가 한국말입니다. 그래서 한국어를 알면 일본어도 풀어 나갈 수 있기 때문에 일본에서 그같은 관심을 가졌던 거예요. 그런데 일을 추진하고 있던 사장이 건강이 좋지 않아 실현되지 못했어요. 그러

나 그만큼 이 어원사전에 대해 국외까지 관심을 가져주었다는 점에서는 시사하는 바가 크지요. 내 책이 일본에서 4권이 번역이 되었는데 언어관계 서적이 3권이고 무속에 관한 서적이 1권이에요. 이 책들은 주로 일본어와 우리말의 비교언어학적인 면을 다루고 있어요. 내가 주장하는 일본말의 뿌리는 한국어이기 때문에 『한국어로 읽고 푸는 고사기』에서는 일본 신화와 우리나라 신화를 비교언어학적인 면으로 다루고 있어요. 한국과 일본의 고대사를 연구하는데 상당히 도움이 된다고 봅니다.

한동희 : 교수님께서 저술하신 책을 보니까 지금까지 50여 권을 내셨는데 다른 사람들의 힘은 빌리지 않으셨나요.

서정범 : 많은 사람들이 '그럴 것이다' 라고 생각하지만 조교에게 맡기지 않고 육필로 직접 썼어요. 다만 조교의 힘을 빌린 것은 『국어어원사전』 만들면서 교정볼 때였어요. 이 사전은 원고를 만드는데 7년 걸리고, 재식 과정이 3년, 그러면서 교정은 열댓 번을 보았어요. 그런데 글을 쓸 때는 제자의 힘을 거의 빌리지 않았습니다. 빗사이막가의 강한 정신력이라 할 수 있지요(너털 웃음을 웃으신다). 나는 거의 잡일을 안 합니다. 건강을 위해서 낚시, 등산 외에는 연구소에서 연구하고 글 쓰는 것밖에는 없습니다. 교수회관에 일요일도 나오는 이유는 정보관리를 위해서입니다. 다른 잡다한 정보는 차단

하고 학문적인 정보만 가지고 학문연구와 글을 쓰는 데만 집중하고 있습니다.

한동희 : 학문분야에 못지않게 교수님의 수필문학작품들이 문학사에 기록될 것입니다. 첫 수필집 『놓친 열차는 아름답다』는 무려 18쇄라는 기록을 남기며 당시 한국문단에 베스트셀러였습니다. 뒤이어 『무녀의 사랑이야기』, 『그 생명의 고향』, 『겨울무지개』 등과 최근 『물사발에 앉은 나비』까지 교수님의 작품에 쏠리는 독자들의 관심이 지대했습니다. 국어학자로서 어떻게 수필을 쓰시게 되었는지요.

서정범 : 어원연구방법론을 찾는 과정에서 무속을 알아야겠다는 생각을 했습니다. 그래서 무속에 관심을 가지게 되었는데 그 세계가 너무나 재미있었습니다. 재미있는 이야기를 독자들에게 전달해야 되겠다고 생각되어 글로 쓰기 시작한 게 동기였습니다. 무속이라는 단일주제로 나온 수필집은 내가 처음일 것입니다. 『무녀의 사랑이야기』가 발간되자 각 신문사 문화부에서 작품에 대한 기사를 다루었는데 얼굴이 뜨거울 정도의 극찬이었어요.

김주안 : 교수님은 많은 작품들을 쓰시면서 주로 어디에 역점을 두고 쓰시는지요.

서정범 : 글은 우선 재미있어야 합니다. 모든 예술이나 문학은 즐거움 즉 쾌락을 주어야 합니다. 그러면 너무 재미만 추구하다가 작품의 질이 떨어지지 않나 하는 우려를 하는 사람도 있습니다. 이것은 작가의 역량문제라고 봅니다. 재미있는 이야기를 문학적으로 어떻게 승화시키느냐 하는 것은 전적으로 작가의 역량이지요.

다음은 눈에 보이는 것보다는 눈에 보이지 않는 내면적 세계를 더 중시합니다. 내 작품에는 보이는 것을 통해 보이지 않는 것이 작품의 밑바닥에 흐르고 있지요. 그 밑바닥에 흐르고 있는 것이 근원적인 것인데 뿌리라고 봅니다. 그것이 가장 한국적인 것입니다. 현실적인 소재라해도 결국 부분적인 것을 통해서 근원적으로 역사적으로 보려고 시도합니다. 이것은 수평적인 이야기에서 수직적인 것으로 연결 될 때 견고한 문학성은 획득할 수 있는 것과 맥을 같이하지요. 그래서 내 수필에는 태고의 이야기가 많습니다. 언어적이고 민속적인 것들, 예를 들면 금줄, 꽃, 물, 새, 과일, 산, 북두칠성, 만파식적 등과 같은 소재들이 많습니다.

다음으로는 구성을 중요시합니다. 주제를 전달하려면 즐겁고 재미있어야 하고 구성이 치밀해야 합니다. 글을 쓸 때 구성을 독자에게는 눈치채지 못하게 조직적으로 계획합니다. 그리고 어려운 말을 쓰지 않고 쉽게 씁니다. 내 글의 제목으로는 글의 내용을 알 수 없습니다. 재미와 흥미를 주면서 주제를 형상화하기 위해 모든 역량, 기교, 방법론을 총 동원하여 글을 씁니다.

한동희 : 한국수필가협회에 교수님의 제자들이 많이 활동하고 있습니다. 한국수필가협회와의 인연에 대해 말씀해 주십시오. 그리고 그동안 특별히 기억할 만한 에피소드가 있으시다면 들려주십시오.

서정범 : 한국수필과의 인연은 조경희 회장님을 만나면서 시작 되었지요. 35년 전이었을 것입니다. 당시 한국일보에 조 회장님이 계셨었는데 하루는 전화가 왔어요. 만나서 이야기를 나누고 싶다고 했어요. 그때는 왜 만나자는지 짐작이 가지 않아 어리둥절했어요. 조선호텔 커피숍으로 갔지요. 조 회장님이 악수를 청하길래 얼떨결에 했어요. 여자하고 악수는 처음이었거든요. 당황도 되고 해서 탁자 위에 놓여진 차는 마시는 둥 마는 둥 했어요. 다시 식당으로 자리를 옮겨 식사를 하면서 조 회장님이 말을 꺼내는 거예요. 불모지와 같은 한국문단에 수필문학지를 같이 만들자는 청이었어요. 수필을 쓴 적도 없고 문학지에 대한 경험도 없다며 거절을 하고 돌아왔지만 얼마 후 다시 전화가 왔어요. 만나자는 거예요. 약속장소에 나갔는데 이미 십여 명이 와 있었어요. 그 모임이 한국수필가협회 창립총회였고 나는 거기서 상임이사와 협회지의 주간을 반강제로 맡게 되었어요. 다음해 4월에 한국수필 전신인 〈수필문예〉 창간호가 나오게 되었고 당시 내가 쓴 편집후기를 보면 문단의 관심이 대단했다는 것을 짐작할 수 있을 거예요. 그렇게 시작된 한국수필가협회와의 인연이 이어졌는데 얼마 전까지 한국수필 등록된 발행주소가

우리 집으로 되어 있어요.

얼마 후 조경희 회장님이 장관으로 임명되었을 때였어요. 프라자 호텔에서 아침을 같이 하면서 나보고 한국수필가협회 회장을 하라는 거였어요. 그래서 '장관직을 하면 몇 해나 할 것인데요. 많이 해야 3년인데 후에는 뭐 하시려고 그러세요. 내가 부회장으로 회장 임무까지 보좌할테니까 그냥 둬두고 하세요' 했어요. 그래서 부회장으로 조경희 회장님이 장관시절에 보좌를 했고 한국수필가협회 회장직은 종신제로 하자고 강력히 주장했어요. 그 제안을 회칙에 넣고 지금까지 이르게 되었지요.

김주안 : 산수기념 헌정수필집 『미리내』를 제자들이 마음을 모아 발간했습니다. 그동안 교수님께 은혜를 입은 제자들이 감사의 표시를 해야되겠다고 하여 시작이 되었습니다. 최선을 다한다고 했지만 부족한 점이 많았습니다. 교수님께서는 극구 사양을 하셨지만 해놓고 보니 잘했다는 생각이 듭니다. 교수님 생각은 어떠신지요.

서정범 : 처음에는 만류를 했는데 해 놓고 보니 나도 흐뭇합니다. 쉽지 않은 일이었는데 애들 많이 썼어요. 틈틈이 『미리내』에 실린 작품들을 읽어 보니까 모두 수준을 유지하고 있는 작품들이었어요. 내가 그동안 길러낸 제자들이 작품수준도 있고 수필계에서도 모두 제 몫을 하고 있다고 생각하니 흐뭇합니다. 요즘 글들을 보면 문학

이 뭔지도 모르면서 글을 쓰는 사람들이 많아요. 문학개론을 읽고 난 후부터 문학이 무엇인지 알고 나서 글을 써야 하지 않을까 하는 생각을 갖게 합니다. 그런 면에서 그동안 이끌고 가르친 보람을 느낍니다.

한동희 : 바쁘신데 두어 시간이나 시간을 내주셔서 감사합니다. 오래도록 건강하시기 바랍니다.

인터뷰가 채 끝나기도 전에 일본위성방송국에서 녹화가 있다며 관계자와 카메라맨이 들어왔다. 여전히 교수님의 바쁜 일상을 엿볼 수가 있었다. 서둘러 인터뷰를 마무리하고, 바람에 묻어있는 봄을 느끼며 교수회관을 내려왔다. 캠퍼스에는 어느새 어둠이 내리고 있었다. 서정범 교수님의 연구실에 환하게 불이 들어왔다. 오늘도 늦도록 그 불은 꺼지지 않으리라. 나아가 서정범 교수가 학계와 문단에 밝혀놓은 등불 또한 영원할 것이다.

*본 고는 2005년 「한국수필」 3-4월호에서 재수록입니다.

〈화 보〉

2004. 12. 14. 서정범 교수 산수 기념집 『미리내』 출판기념회

2003. 9. 대부도 갯벌에서 숭어를 잡고 좋아하시는 서정범 교수(가운데)

스승님을 그리며

김 의 배

스승님과의 첫 만남은 반세기 전인 대학 1학년 때였다. 호리호리한 키에 깡마른 체형의 교수님 애칭은 "비 사이로 막가" 였다. 날씬한 몸매에서였다. 카랑카랑한 음성에 언제나 밝은 미소의 인자한 모습이었다.

대학 4학년 때 속리산 법주사로 졸업여행 갔을 때, 왕과 왕비, 왕자와 공주, 그리고 장군의 의상으로 분장하고 촬영했던 친구들과 교수님과의 추억은 어제 일인 듯 생생하다. 황순원 교수님, 조병화 교수님, 박노춘 교수님과 함께 즐거운 추억이었다. 그때의 사진 속 모습은 지금도 청춘인데 50년의 세월을 훌쩍 뛰어넘은 지금은 너무나 변했다.

내가 농촌 태생으로 부모님의 성화에 못 이겨 재학 시절에 결혼했다. 그때 교수님께서는 뭐가 그리 급해서 결혼했느냐면서 웃으셨다. 당시 교수님께선 30대 후반의 노총각이셨다. 새파랗게 젊은 내가 결혼했으니 그럴 만도 했을 것이다.

군 복무를 마치고, 1969년에 학교로 발령받아 근무하던 첫해의 한글날이었다. 홍릉의 세종대왕기념관에서 있었던 한글날 기념식에 참석했다가, 대학 1년 후배를 만났다. 행사가 끝났을 때, 서 교수님을 뵈러 가자고 했다. 가는 길에 술 한잔하자는 그의 말에 막걸리를 한 되씩 마시고 거나한 기분에 교수님 댁으로 갔다.

반기시는 교수님께서는 커다란 양주 한 병을 내놓으셨다. 둘이는 저녁때까지 신이 나서 떠들어대면서 한 병을 다 비웠다. 빈속에 막걸리와 양주를 마셨으니 제정신이 아니었다. 어떻게 집에 왔는지도 모른다. 그날 밤 머릿속에선 대동아전쟁이 났다. 아내는 꿀물을 타 주고 약국으로 뛰어다녔지만, 효험은 없었다. 밤새 뜬눈으로 하얗게 지새웠다. 결근을 않는 생활신조였는데 워낙 심해 이기지 못하고 결국은 결근하고 말았다.

그 후로 술을 보면 진저리가 나고 술 생각이 멀리 도망갔다. 게다가 술을 먹으면 뒷골이 당겨서 자연히 멀어지게 되었다. 그 일이 나로 하여금 술을 멀리하게 되었고, 건강을 지켜주는 계기가 되지 않았을까 한다.

대학원 시절에 종강 파티를 할 때면 장소는 으레 보신탕집이었다.

스승님은 쇠고기를 먹으면 감기에 걸려 안 되고, 개고기만 소화가 잘 된다며 즐겨 드셨다. 그때 최후의 논문은 만년필로 쓰는 거라고 하셨다. 쥔아주머니가 특별히 챙겨주는 것도 그때 처음 보았고 알았다. 그건 홈통이 있는 물렁뼈였다. 대학원 논문 지도교수로서 많은 도움을 주셨다. 박사논문도 아닌데 양이 너무 많다며 줄이라고도 하셨다.

그로부터 20여 년 뒤에 중앙일보 문화센터 수필교실에서 다시 뵈었다. 많은 지도 끝에, 1998년 9월에 등단시켜 수필가의 길로 인도해 주셨다.

수필가로 등단한 후, 명절 때마다 한 번도 거르지 않고 찾아뵈었다. 한 번 스승은 영원한 스승이라는 생각에서였다. 분당의 큰따님댁에 계실 때도 찾아가면 그렇게 반가워하시며 남다른 사랑을 주셨다. 초인종을 누르면 "김 선생인가 봐!" 하시는 음성이 초인종 수화기를 통해 들려왔다. "며느님보다 따님하고 사시는 게 좋으시죠?" 하고 여쭈었을 때, "그럼! 마음이 편해. 사위가 착해서 좋아." 하시던 말씀이 지금도 귓가에 맴돈다.

엊그제 떠나신 것 같은데 벌써 3주기가 다가온다. 하늘나라에서 먼저 가신 사모님과 단란하고 행복하게 지내시리라 믿는다. 항상 다정다감했던 음성은 귓가에 쟁쟁한데 현실은 그게 아니다. 살 같은 세월을 다시 한 번 실감한다. 스승님 은덕 오래 아로새기며 살렵니다.

문학하는 즐거움과 행복

김 주 안

1997년 3월 첫째 주 화요일, 경희대 본관 강의실이었다. 강의실에 들어서니 열대여섯 명쯤 되어 보이는 회원들이 앉아 있었다. 잠시 후 왜소한 체구를 가지신 서정범 교수님이 강의실로 들어오셨다. 명성만 익히 들어왔었는데 이렇듯 뵙기는 처음이었다. 교수님은 앉아서 강의를 시작하셨고 회원들은 돌아가면서 자기소개를 하였다. 단순히 마음의 소양을 기르기 위한 문학교양강좌인줄 알았는데 자기소개를 하는 회원들은 등단을 하였다는 것이며 또 등단을 목표로 하고 있다고 하였다. 뜻하지 않은 등단이란 말에 강좌를 잘못 택한 것이 아닌가 하는 생각이 들었다. 서 교수님 연세가 많으시니 돌아가시기 전에 강의나 한 번 들으라고 남편이 권하여서 온 것이었다.

3월은 그저 출석하는 것만으로 만족했다. 새벽 수영을 하고 강의실에 가서 앉아 있으면 졸음이 비 오듯 쏟아졌다. 졸고나면 교수님을 바라보기 민망했다. 그런데 '내게서 기가 나가 졸음이 오는 것이니까 좋은 현상' 이라며 도리어 격려의 말씀을 하신다. 미안한 마음을 조금 덜어주시려고 하는가 보다 했는데 나중에 알고 보니 교수님은 그렇게 순전히 믿고 계셨다.

4월 첫 주부터 유럽 쪽으로 돌아오는 성지순례를 다녀왔다. 연이어 세 주를 빠지고 나니 재미도 없고 회원들간 서먹서먹하기도 하여 나가기가 싫었다. 그래도 수강료를 생각해서 한 학기는 다녀야겠다고 생각했지만 내내 졸다가 끝나기만 하면 집으로 곧바로 돌아왔다.

2학기는 등록을 하지 않으려고 했다. 그러자 한 번 하기로 했으면 더 해 봐야지 하면서 남편이 핀잔을 준다. 그때 재차 남편의 권유가 없었다면 아마 지금까지 문학을 하지 않았을 것이다.

2학기 강의가 시작되어도 마찬가지였다. 무속인들과 많은 관계를 맺고 있던 서 교수님의 강의도 거부감이 일었다. 기독교적 사상은 배제하면서 무속에 관한 것은 자주 강의내용이 되었다. 내적인 갈등이 이만 저만이 아니었다. 그러나 차츰 강의시간이 거듭될수록 회원들과의 친분이 생기기 시작했다. 그들과 교제하는 재미가 쏠쏠해졌다.

가을이 거반 끝나갈 무렵, 감(感)을 잡았다고 하면서 첫 작품을 썼다. 우리 집 감(柹)을 소재로 하는 까치밥 이야기였다. 그야말로 감을 잡고 감이야기를 썼던 것이다. 그러면서 한 작품을 더 쓰되 가장 하고 싶은 이야기가 무엇인가 그것을 풀어내면서 써보라고 하신다. 당연히 고향 이야기였다. 남한강 가로 소풍을 갔을 때 보물찾기를 하던 유년 시절 이야기인 〈보물찾기〉와 까치밥, 고수레 등과 같은 자연이 인간과 하나가 된다는 〈하나가 되는 마음〉이었다. 이 두 편의 글을 수필로 만들기 위해 열심히 강의실을 나갔다. 그것도 부족하면 교수회관도 부지런히 드나들면서 지도를 받았다.

등단을 하기까지 한 작품을 열네 번까지 수정을 하였다. 어느 날은 새벽녘까지 컴퓨터 앞에 앉아서 씨름을 한 적도 있었다. 어쩌다가 마음에 드는 어휘가 있어서 슬며시 문장 한구석에 밀어 넣으면 어김없이 찾아내고는 빨간색으로 쭉 그셨다. 교수회관을 오르기 위해 계단을 들어서면서부터 가슴은 두 방망이질을 했다. 이층에 있는 연구실 문 앞에 설 때쯤이면 숨이 턱에 닿아 있었다. 연구실 문을 두드리면 네에~ 하는 특유의 카랑카랑한 목소리가 들린다. 입구에 놓인 긴 의자에 앉으셔서 돋보기를 머리로 올리고 제출한 글을 맨눈으로 찬찬히 보신다. 면접관 앞에 앉은 수험생처럼 숨도 제대로 넘기지 못하고 무슨 말씀을 하실 것인가 긴장을 하고 앉아있다. 그러한 그때가 지금 생각하면 내 인생에서 가장 가슴 뛰는 풍경들이었다. 그러한 풍경들을 연출하면서 긴 겨울을 보내고 봄도 지나가면서 다음해 뜨거운 여름이 되어갔다.

그해 막바지 여름은 매미소리가 유난히 뜨겁게 들렸다. 교수회관을 오르는 길 옆 숲에서 어찌 그리 매미가 뜨겁게 울어대던지, 등단 소감에 긴 인고의 세월을 견뎌낸 매미처럼 뜨겁게 우는 작가가 되겠다고 썼다. 마지막 심사평을 받으러 가던 날은 갑자기 장마가 져서 서울에 물난리가 났다. 장안동 로터리가 물에 잠겨 자동차가 진입할 수가 없었다. 이십 분이면 갈 거리를 돌아서 가느라 한 시간이 걸렸다. 숨을 헐떡거리며 교수회관으로 올라갔다. 사방에는 물난리가 나서 야단인데도 교수님은 연구실에 태연하게 계셨다. 피난을 안 가시냐고 여쭈었더니 이곳은 높아서 다른 곳보다 더 안전하다며 소년같이 웃고 계셨다.

98년 2학기에도 수필교실과 시창작반을 등록하여 문학하는 즐거움에 점점 빠져들었다. 18개월동안 열네 번 수정을 거친 작품은 탈고를 끝내고 추천을 받아 등단을 하게 되었다. 등단식을 하던 날은 학교 강의실이 요란했다. 어깨에는 '등단급제' 라는 띠를 두르고 머리에는 화관을 쓰고 과거시험에서 장원급제했을 때도 이만했을까 할 정도로 성대한 잔치가 벌어졌다. 지금 생각하면 무척 머쓱한 일이었다. 하지만 한때 삶의 즐거움이었다고 여긴다. 이름 석 자를 문단에 내놓게 되었던 그날, 문학하는 동안 그때만큼 순수하게 즐겁던 날은 없었을 것 같다.

당시 〈용의 눈물〉이 TV에서 드라마로 인기리에 방영되고 있었다. 어느 누군가의 제의로 중전, 숙의, 무수리 등으로 부르며 역할놀이를 했다. 모두 거부감없이 받아들였고 그 놀이에서는 늘 웃음을 동반했다. 나는 거기서 상궁이라 불리었다. 꿈과 환상을 가지고 뛰어들었던 문단생활은 지금 생각하면 〈용의 눈물〉이라는 드라마를 조금은 닮아 있는 듯하다. 어리석고 덧없는 일이었는데 파벌이 지어졌고 질긴 아우성은 한동안 지속되었다. 결국 용이 눈물을 흘리는 일도 일어났다. 그때 무수리라고 지칭하던 한 회원은 얼마 전에 돌연사를 하였다고 하니 세상사 세옹지마라고 했던가.

2006년 문예진흥기금으로 엮은 첫수필집 『낚지 코 고는 소리』에 실린 작품들을 보면 스승님과의 아름다운 추억들이 많이 담겨 있다. 스승님을 모시고 회원들과 대부도 갯펄을 다녀와서 〈우리를 슬프게 하는〉이라는 작품을 썼고 양평군 정배리라는 마을에서 〈가을에 옷 벗는 소리〉를, 속리산 강의에 동행하고 돌아와서는 〈한 점 구름이 되어〉, 전 문예비전 발행인이었던 김안기 사장의 주선으로 낚시터를 스승님과 몇 번 다녀오고는 〈호수에 두고 온 마음〉 〈사랑의 세레나데〉 〈그래도 잉어〉라는 작품이 나왔다. 김학수 시인의 초청으로 대부도를 모시고 갔다와서는 〈바다빙수〉를 썼다. 이 '바다빙수'라는 제목은 '내가 생각해 낸 것인데 주안이 너한테 준다. 한번 이 제목으로 써봐' 하면서 주신 것이다. 회원들과 창덕궁을 돌아보고 〈물과 물고기〉를, 양수리 강가를 거닐다가 발견한 긴쑥부쟁이를 함께 보고 〈긴쑥부쟁이 꽃이 되어〉를 썼다. 바이칼호수를 다녀오시고 제자들에게 백양나무 잎을 코팅하여 나눠주셔서 〈마음의 꽃〉이라는 작품도 쓰게 되었다.

스승님은 내게 새로운 세상을 열어주었고, 문학하는 즐거움과 행복을 느끼게 하였다. 덕분에 밤을 새워가며 글을 쓰는 즐거움을 맛보았고 수많은 여행을 하면서 소재를 찾았다. 작은 것을 쓸지라도 여러 권의 책을 보며 지식을 습득하는 습관을 가지게 되었다. 창작의 고통이 끝나고 작품을 발표하면 '좋아' 하시던 그 한마디가 찬바람 속에서도 굳건히 버틸 힘이 되었다.

스승님이 떠나신지 3주기를 맞고 있다. 생전에 제자들에게 써주었던 서평을 모아 책으로 엮기를 원하셔서 1주기 때 〈서울 · 문학의 집〉에서 출판기념회 겸 추모식을 거행하였다. 유가족들 간의 의견 대립으로 행사를 주관하면서 곤혹을 치르기는 했지만 제자의 도리를 다한 것 같아 그저 기쁘다. 2주기 때는 성수역 지하철역사에서 '추모 수필화전'을 진행하면서 보냈다. 금번 3주기를 맞아 회원들의 추모 글을 모아 추모특집으로 〈문예비전〉에 게재하였다.

숨이 턱에 닿도록 드나들던 연구실에 언제까지 계실 것이라 생각했는데 돌아오지 못할 적지 않은 세월들이 넘어갔다. 그 옛날 내게 찾아왔던 문학하는 즐거움과 행복은 어디에 숨어 있는 것일까. 다시 내 삶 속에 뜨거운 풍경으로 그 모습을 나타내 줄까.

또 한 송이의 하얀 카아네이션

김 지 현

올해도 오월은 어김없이 찾아왔다. 짙어지는 녹음 사이로 꽃들은 온갖 자태로 앞 다투어 피어나고 있었다. 눈부시게 아름다운 이 계절에 어버이날과 스승의 날이 들어있다. 벌써 며칠 전 부터 카아네이션 꽃값이 오르고 있었다. 어릴 때 이 날이 되면 색종이로 정성스레 오려서 만든 빨간 꽃잎에 초록 잎사귀를 부쳐서 책갈피에 숨겨두었다가 아침이면 부모님께 드렸다. 우리나라 풍습이 아니건만 이미 우리네 가슴에 자리를 잡은 지 오래이다.

나 또한 자식을 갖게 되고는 예외없이 그 꽃을 받게 되었다. 고사리 손으로 만든 꽃이 얼마나 대견하고 신기했던지 모른다. 부모님이 살아계시면 빨간 꽃을 부모님이 계시지 않으면 흰꽃을 단다고 한다. 작년에 아버님이 돌아가시고 난 뒤여서 그런지 흰꽃을 눈여겨보게 되었다. 흰색은 맑고 순결한 색이나 어쩐지 쓸쓸해 보인다. 그러나 햇빛이 비치면 눈부시게 화려해 보이기도 하다.

우리의 삶 중에 낳아주신 부모님이 으뜸을 자리하고 가르치신 스승님도 역시 큰 몫을 자리하고 있다. 내가 걸어 온 길에는 여러분의 스승님이 나를 이끌어 주셨지만 불혹의 나이를 넘어서 만난 서정범 교수님은 또 다른 인생의 길을 걸어가게 해 주셨다. 나태해지는 나를 잡아주신 은혜는 날이 갈수록 잊을 수가 없다. 흰 카아네이션을 보면서 불현듯 돌아가신 교수님 생각이 났다.

그 해에는 유달리 많은 눈이 내렸다. 고향이 남쪽인 나는 겨울에 오는 하얀 눈에 익숙하지 않았다. 어쩌다가 싸락눈이 내비쳐도 곧 녹아서 사라져버리기 일쑤였다. 그때까지 눈이란 '펴얼 펄 눈이 옵니다 하늘에서 눈이 옵니다' 란 노랫말 속에만 있을 뿐이었다. 서울에 온 첫해에 펑펑 쏟아지는 눈 속에서 추위도 잊고 아이들과 눈사람을 만들며 손이 얼얼하도록 놀았다. 지금 살고 있는 집이 산을 바라보고 있다. 사계절의 변화를 마음껏 누리지만 눈이 내리는 겨울은 더욱 아름다웠다. 밤사이 소리없이 첫 눈이 오던 날, 이렇게 순결한 세상이 있다는 것이 경이로워 가슴이 벅찼다. 티없이 순수하다 할 만치 새하얀 눈이 산도 길도 나무도 모두 희게 덮어버렸던 것이었다. 내딛기 아까워 바라만 보던 길이 어느새 하나 둘 발자국이 생기고 덩달아 강아지도 뛰어나와 그림을 그려 놓았다. 경건한 마음으로 윗 절에 가서 마음을 정화시키고 순수한 마음으로 살겠다는 다짐도 했다. 그리고 바라만 보고 느끼기엔 너무 아까워 글로 남기기로 했다.

한껏 감상에 젖어 '흰 눈이 내리던 날' 이란 글을 썼다. 흰옷 입은 산을 보며 느꼈던 것들, 아이같이 남편과 호수공원에 가서 바라본 경치며 꽁꽁 얼어붙은 호수위의 정경까지 꼼꼼하게 써내려갔다. 차분하게 가라앉은 마음으로 아니 희열에 들뜬 마음으로 그려내었다. 드디어 제출을 하고 말씀을 기다렸다. 뜻밖에도 교수님은 '이게 詩냐 수필이냐' 하시며 호되게 야단을 치셨다. 그때는 폭설이 내려 어려움이 많았지만 큰 눈이 내려 온천지가 하얗게 변한 것을 처음 보아서 남다르게 느껴졌다. 까투리 한 마리가 종종 걸음으로 하얀 덤불 사이로 숨는 모습도 처음 보았다. 얼마나 혼이 났던지 다시는 글을 쓰고 싶은 마음이 없어졌다.

처음 쓴 몇 편의 글로 등단을 하고 난 뒤, 내게도 숨은 재주가 있었다는 기쁨에 열심히 하였다. 새로운 길에 대한 기대감으로 가슴은 뛰기 시작했다. 아이들도 다 자라서 엄마 손이 덜 필요했다. 여느 가정주부들과 마찬가지로 끝이 없는 집안일에 권태를 느낄 즈음이었다. 자아를 찾기 위한 몸부림에 만난 글쓰기에서 교수님의 가르침이 인생의 참된 길이 무엇인지, 흔히 우리가 알고 있는 것 보다 더 겸손하고 진정한 사람이 무엇인지를 일깨워 주셨다.

'개구리 올챙이 적 생각 못 한다' 란 말이 있다. 아마 그때의 나는 개구리였던 것 같다. 수십 년의 세월을 살아오는 동안 뭉친 응어리들이 고집으로 아집으로 박혀 있었다. 감정에 치우치지 말고 객관적인 입장으로 인생을 관조해야 된다는 가르침을 잊어버렸던 것 보다는 약간 자만했던 것 같다. 그 후로 집안 일로 몇 년의 거리를 두게 되었으나 항상 섭섭하고 죄송한 마음이 떠나지 않았다

흰빛은 모든 빛을 반사하지만 흰색은 모든 색을 다 받아 드린다. 하얀 종이에는 원하는 그림을 갖가지 색으로 마음껏 그릴 수도 있다. 부모님이 자식의 응석을 한껏 받아주듯 스승님도 아무런 대가 없이 가르침을 전하셨다. 오랜 시간이 흐른 뒤에야 너무 먼 길을 돌아왔다는 것을 깨달았다. 교수님은 모든 색을 포용하는 흰색처럼 제자의 잘못을 탓하지 않았다.

빨강 노랑 분홍 갖가지 색으로 치장한 꽃바구니 속에 하얀 카아네이션 한 송이가 담겨져 있다. 진하지 않으나 은은한 향기나는 하얀 꽃 한 송이를 바치고 싶다.

그리운 선생님의 마중물

이 하 림

선생님과의 인연은 1998년 3월부터였다.

이즈음 나는 아파트 단지 내에서 가정용 오락기를 판매하는 작은 가게를 하고 있었다. 몇 차례의 도난 사건으로 경제적 손실을 크게 입고 있었을 때였다. 정신이 황폐해 있어 무엇에든지 몰두해 자신을 다잡고 싶어 도쿠가와 이에야스(德川家康)의 파란만장한 일생을 다룬 스무 권짜리 대하소설 『大望』을 읽고 있었다. 그래도 답답한 마음은 풀리지 않았다. 마지막 스무 권 째를 읽고 있던 어느 날 신문을 보다가 경희대학교 사회교육원 프로그램이 눈에 들어왔다. 그 중 서정범 선생님의 〈수필교실〉에 관심이 갔다. 방송과 언론매체를 통해 익히 알고 있던 터라 강의를 들어보고 싶다는 생각이 들어 등록을 했다.

3월의 교정은 생동감이 넘쳤다. 연록색의 초목들이 기지개를 펴고 학부 신입생들의 얼굴에는 웃음꽃이 폈다. 덩달아 캠퍼스에 첫발을 내딛는 내 발걸음도 경쾌했다. 한 학기 동안 매주 화요일마다 오전 열 시부터 두 시간씩 하는 수업이 시작되었다.

본관에 위치한 강의실에 들어서자 낯선 얼굴들이 30여 명 앉아 있었다. 맨 뒷자리를 찾아 앉았다. 조금 후 선생님께서 들어오셨다. 야윈 체격에 베이지색 바바리코트와 자주색 목도리를 걸치고 베레모를 쓰신 모습, 카랑카랑한 음성, 방송을 통해 자주 뵈어서인지 친근감이 들었다. 한 학기 동안의 수업과정 안내말씀이 끝나자 한 사람씩 자기소개를 했다. 각양각색으로 인사를 하는 사람들의 말은 청산유수가 따로 없었다. 모두가 신입생인 줄 알았는데 선배들과 함께 공부한다는 것을 알게 되었다.

윤모촌 선생님의 『수필 어떻게 쓸 것인가』라는 교재로 수업을 시작한 지 삼 주가 되던 날이었다. 아침부터 강의실이 부산했다. 떡, 김밥, 과일, 샴페인 등 다양한 음식들이 차려지고 학생들에게 책 한 권씩이 배분됐다. 강의실 한켠에는 화사한 꽃다발도 놓여있었다. 아직 서먹하기만 했던 의아한 광경은 곧바로 파티분위기로 바뀌었다. 여기저기서 한복을 곱게 차려입은 학생에게 꽃다발이 주어지고 "등단을 축하드립니다", "건필하세요" 단어조차 생소한 축하인사 말들이 쏟아져 나왔다. 열심히 글을 쓰고 공부해서 '수필가'가 되었다고 했다. '수필가' 내게는 너무나 거창하고 먼 이야기로 들렸다. 얼마나 글을 잘 쓰면 작가가 되었을까 한편 부럽다는 생각이 들었다. 그날의 등단식은 실로 시끌벅적했다.

이렇게 등단한 수필가들과 어우러져 공부를 했다. 다수의 학생들이 매주 글을 써와 평을 듣고 고치기를 수없이 하고 있었다. 그 결과 두 달 또는 네 달에 한 명 정도는 두 편의 글로 선생님의 추천을 받아 등단하고 있었다. 선배들의 등단 과정을 들어보면 쉽지 않았다는 것을 알 수 있었다. 한 편의 글을 가지고 일 년을 고치고, 이 년을 고치면서 선생님께 꾸중도 많이 들었다고 했다. 글쓴이들을 보면서 자극은 받지만 한 학기가 다 지나도록 글 한 편 쓰지 못했다. 늘 뒷자리에서 있던 나는 선생님과도 가까워질 기회를 얻지 못했다. 기회가 없었던 게 아니라 선생님을 어려워하고 있었다. 그러던 어느 날, 수업을 마치고 점심을 먹기 위해 모두 식당으로 갔다. 어쩌다 선생님과 마주 앉게 되었다. 그 자리에서 선생님께서 두려워하지 말고 무엇이든 생각나는 대로 써 보라 하셨다. 지렁이 어금니 가는 소리도 좋고, 잠자리 눈곱 떼는 소리도 좋으니 시도해 보라는 것이었다. 용기를 얻었다.

한 주 내내 글쓰기에 매달렸다. 사람들의 편견어린 시선으로 마음이 아팠던 기억을 떠올리며 그것을 주제로 글을 썼다. 그때는 컴퓨터를 활용하지 않았기 때문에 원고지를 수도 없이 버렸다. 그렇게 첫 작품 〈汚點〉을 수업시간에 공개적으로 내놓을 용기가 없어 수업

후 교수회관으로 선생님을 직접 찾아가 보여드렸다. 다 읽어보시더니 양을 열다섯 매로 줄이라고 하시면서 "이하림이 글은 자기 철학이 들어있지 않아, 그리고 제목을 '편견의 가시'로 바꾸는 게 좋겠어"라고 하셨다. 힘든 작업이 시작되었다. 선생님께서 지적해 주시는 말씀이 무엇인지는 알겠지만 막상 글을 고치려하면 막막하기만 했다.

두 달여 정도를 열심히 고치면서 선생님과도 가까워지기 시작했는데, 선생님께서는 성에 차지 않으셨는지 다른 글을 써오라고 하셨다. 가정용 오락기 가게를 운영하며 도난당한 사건을 소재로 쓴 「사랑의 울타리」를 두 번째 글로 보여드렸다. "이하림이는 詩情이 부족해, 시집을 많이 읽어, 그리고 너무 많은 것을 이야기하려고 하니 주제가 살아있지 않아" 등 많은 말씀을 하셨다. 선생님께서는 수강생들을 지칭하실 때 꼭 성을 붙여 이름 석 자를 불러주셨다. 참으로 다정하게 들리는 호칭이라 여겨졌다. 그렇게 사 학기 이 년 동안 「편견의 가시」, 「사랑의 울타리」, 중학생 어린 나이에 세상을 등진 오라버니 이야기를 쓴 「옥황상제의 주례」, 학생복 가게를 운영하며 겪었던 일을 소재로 한 「꿈의 씨앗」 등 네 편의 글을 수도 없이 고쳤다.

학기가 바뀔 때마다 포기하고 싶은 마음이 굴뚝같았다. 하지만 펌프로 물을 퍼 올릴 때, 물을 이끌어 올리기 위하여 먼저 윗구멍에 붓는 물처럼 선생님의 아낌없이 부어주시는 마중물이 내게는 큰 힘이 되었다. 나의 글들이 작품으로 탄생되기까지 교수회관으로 가는 길고 가파른 계단을 오르내리며 봄에는 새들의 노래로, 여름에는 온몸으로 노래하며 격려해 주는 매미의 합창소리로 위안을 삼았다. 그리고 가을에는 형형색색으로 물든 단풍의 춤사위를 보고, 또 겨울에는 추위에 떨고 있는 앙상한 나뭇가지들을 보며 인내했다. 그렇게 태어난 작품 중에 「편견의 가시」와 「옥황상제의 주례」가 선생님의 추천을 받아 2000년 1,2월호 통권 102호 〈한국수필〉로 등단을 하여 그해 12월 신인상을 받았다. 지금 생각하면 참으로 긴 여정이었지만 얼마나 가슴이 벅찼었던가. 글을 써본 것이라곤 직장생활할 때 사보에 몇 번 투고한 것이 전부였었다.

그 후로도 선생님과의 인연은 계속되었다. 등단한 수필가들로 구성된 '수필연구반'이 신설되어 깊이 있는 공부를 했다. 선생님의 개인 사정으로 '수필연구반' 수업이 폐강되기까지 일 년 반 동안 수필과 관련된 많은 작가들을 접하며 학문을 넓힐 수 있었다. 수업은 연구반 학생 개개인이 한 학기에 한 작품을 선택해 작가와 작품을 연구해서 발표하는 식이었다. 나는 세 학기동안 서거정의 『태평한화골계전』, 데이비드 소로우의 『월든-숲 속생활』, 라이너마리아 릴케의 『젊은 시인에게 보내는 편지』를 발표했다. 발표할 리포트를 위해 경희대학교 중앙도서관은 물론, 국립중앙도서관, 국회도서관, 서울대학교 도서관 등 얼마나 많은 도서관을 다니며 관련서적을 읽고 자료를 찾아보았던가. 대학원 수업이라 해도 손색이 없을 터였다. 학부생활을 그렇게 했으면 올 A+를 받지 않았을까. 그토록 열심히 공부하며 행복했던 선생님과의 시간들이 주마등처럼 지나간다.

연구반수업이 폐강된 뒤 지난 2009년 선생님께서 영면하실 때까지 우리는 수필문학회를 결성하여 선생님의 한국어원학회 사무실에서 한 달에 한 번씩 만나 공부를 했다. 물론 일 년에 한 번씩 동인지도 엮고, 그 수업은 지금도 지속되고 있다.

이제 얼마 있으면 선생님의 세 번째 추모일이다. 12년을 함께한 선생님을 생각하니 가슴이 먹먹해진다. 오늘따라 써지지 않는 글 때문에 선생님께서 아낌없이 부어주시던 마중물이 사무치게 그립다.

불가사의한 여인

윤 태 정

앉았다 일어설 때마다 하늘이 노랗게 보이는 증세가 좀체 낫지를 않는다. 심할 때는 현기증이 나면서 휘청거리기도 한다. 단 몇 초간이지만 오싹한 기분이 들기도 하고 머릿속이 얼얼하고 시린 듯한 느낌마저 올 때는 혹시 큰 병이 아닐까 덜컥 겁도 난다.

평소 얼굴이 창백하다는 소리를 많이 듣는 편이다. 정밀 검사를 받은 결과, 정상 수치에서 훨씬 떨어지는 철 결핍성 빈혈이라는 판정이 나왔다. 혈색소 수치가 낮으며 적은 양조차 영양이 부족한 피라고 한다. 놀라운 것은 하루 세 끼 식사를 정상적으로 하는 사람이라면 절대로 이런 수치가 나올 수 없다는 거다.

빈혈이 처음 발견된 것은 이십여 년 전 일이다. 시어머니를 모시고 병원에 갔는데 의사가 어머니보다 며느리가 더 죽게 생겼다며 검사를 해보자고 했다. 수혈하기 바로 직전의 상태로 진단이 나와 나는 빈혈환자가 되어 버렸다. 그날부터 의사가 처방해 준 약을 꾸준히 먹고 있는데도 정상으로 되지 못하고 있는 것은 참으로 이상한 일이다.

얼마 전에도 병원을 찾았다. 의사는 내게 이런 상태로 어떻게 일상생활을 하느냐, 직장생활은 어찌하느냐며 물었다. 또 걷다가 힘들면 주저앉아 쉬느냐는 등의 질문을 하며 챠트를 넘겼다. 집안일도 직장 생활도 별다른 문제 없이 잘하고 있으며 운동도 열심히 하느라 하루가 짧다고 하니 의아한 눈으로 바라본다. 걸음은 남보다 빨라 한 발짝은 앞서 걷는 편이고, 아무리 힘들어도 낮잠은 자지 않는 것이 습관처럼 되었다고 하니 고개를 갸우뚱한다. 결과로 나온 수치상으로는 도저히 정상적인 생활이 불가능하다는 것이다. 만일 내과에서 이런 수치를 본다면 당장 수혈하자며 달려들 것이라고 겁을 준다. 의사는 내 얼굴을 한참 쳐다보며 과학적으로 볼 때는 참으로 불가사의한 일이라고 단정을 내렸다. 병원 문을 나서는데 문득 교수님의 말씀이 떠올랐다.

교수님께서는 틈이 날 때마다 체질에 맞는 음식섭취로 건강을 챙기라고 말씀하셨다. 사람마다 타고난 체질이 다르니 체질에 맞게 사는 게 좋다고 일러 주셨다. 주머니 속에 항상 가지고 다니는 호두알이나 바짝 마른 대추를 가끔씩 꺼내 제자들의 손바닥 위에 올려

놓고 체질감별도 해주셨다. 내 차례가 되었을 때, 교수님은 오래도록 맥을 짚어보더니 맥박이 잘 뛰지 않는다고 하셨다. 건강체로 보이는 겉모습과는 달리 맥이 뛰는 듯 멎은 듯 가물가물하니 선천적으로 기가 허한 체질이라고 하셨다. 항상 몸을 따뜻하게 해주어야 하며 체질에 맞는 음식을 꼭 섭취하라는 당부도 해주셨다. 어떤 때는 내 손을 잡고 눈을 감은 채 오래도록 기를 넣어주곤 하셨다.

지금에 와서 고백하건대 나는 그럴 때마다 건강에 대한 생각은 뒷전이고 교수님의 기가 내 몸에 전달되어 좋은 글이나 한 편 쓰게 되었으면 하고 바랐다. 생각해보면 얼마나 허황되고 어리석은 바람이었던가. 이제 교수님은 영면하셨고, 나는 기를 받을 곳이 따로 없다. 이 세상에 펼쳐진 수많은 이야기들을 나 스스로 엮어 나가야만 한다.

나는 영양가 부족한 피를 가진 빈혈환자로 의학적으로 볼 때는 아주 불가사의한 여인이다. 나라는 존재는 과연 무엇인지 그동안에 썼던 글들을 주욱 훑어보니 체질 탓이라고 해야 할까. 그 속에는 내 묽은 피보다 훨씬 더 묽어 싱거운 것도 있고, 영양가라고는 한 줄도 찾아볼 수 없는 글까지 있다.

교수님은 평소 목소리에 힘을 주어 말씀하셨다. 글쓰는 사람의 할 일은 독자들에게 감동을 주는 일이다. 감동이 없는 글은 잡문이요, 신변잡기에 불과하다. 독자들의 입에서 싱겁다느니 영양가 없다느니 하는 평이 나와서는 글을 쓰는 사람이라 할 수 없다는 뜻이리라.

진한 감동이 묻어 나오는 글이야말로 영양가가 풍부한 글이 될 테니까 말이다.

이 불가사의한 여인에게서 영양가 있는 글은 과연 언제쯤 탄생하려나. 교수님 말씀대로 나만의 개성이 있는 소재를 찾아 영양가 있는 글을 한번 써보고 싶다. 오늘은 오래전에 교수님께 받아놨던 기를 하나로 모아 감동이 묻어나는 글을 꼭 쓰리라 다짐한다. 오늘따라 글을 쓰고 싶은 마음이 앞서 글감을 찾느라 여기저기 기웃대며 머리를 골똘해본다. 혹시나 하늘에서 이 꼴을 보신다면 에이, 싱거운 사람 같으니 하고 웃으실지 모르겠다.

트렌치 코트(Trench Coat)의 단상

송 정 자

늦가을 런던의 거리풍경은 잔뜩 찌푸린 날씨와 안개, 우울한 표정의 사람들로 가득하다.

로맨틱한 파리지엔과 선고운 이탈리아 남성들도 더러 보이지만 그 속에서 유독 눈길을 끄는 사람이 있었다. 흐린 하늘과 차가운 강을 배경으로 다리에 기대서서 책을 읽고 있는 트렌치 코트차림의 멋진 영국 젠틀맨이다. 더블 단추에 넓은 칼라, 어깨 견장을 댄 정통 스타일의 코트는 갈색머리와 잘 어울렸다. 캠브리지대학의 강단에서는 교수인가 철학을 전공하는 학생인가 그가 읽고 있는 책은 어떤 것 일까.

실제의 그는 할일 없이 거리를 떠도는 룸펜으로 여자 사진이나 들여다보고 있는지도 모른다. 다리 난간에 서 있는 이유도 밤새 함께 놀 일행을 기다리는 지도 모를 일이며, 최악의 경우 우울증 치료를 받고 있는 정신질환자일 수도 있다. 하지만 그를 지성적이고 섬세하며 멜랑콜리한 남자일 것이라고 한순간 주저없이 단정 지을 수 있게 한 것은 단연 그 트렌치 코트 때문이었다.

내가 97년도 가을 무렵에 서 교수님을 처음 본 것은 경희대학 근처에 살고 있을 때였다. 동네 목욕탕을 다녀오다 우리집 근처 좁은 골목길에서 마주쳤다. 그때 깊이 눌러쓴 잔 체크 무늬의 베이지 모자와 아주 잘 어울리는 옅은 카키색의 트렌치코트가 퍽 인상적이었다. 나중에 알고 보니 근처에서 기 치료를 받으시느라 그 길을 다니셨다고 했다. 나는 첫 대면때 언론에서 여러 번 접해서인지 낯은 익었지만 인사드릴 용기는 없었다. 젖은 머리에 목욕바구니며 슬리퍼 차림으로 꼴이 창피했기 때문이었다. 그 당시 나는 삼십대의 나이로 트렌치 코트차림의 남자에게 많은 점수를 쳐 주곤 했었다. 넉넉하고 부드럽고 로맨틱한 분위기에 패션 감각까지 그 사람의 한 면을 일단은 인정한다고 할까. 교수님의 그 방대한 학식과 지적 카리스마 이지적인 눈매 검정 뿔테 안경까지 잘 조합되어 날카롭게 보일 수 있는 외모를 트렌치코트가 넉넉한 품만큼이나 여유를 담아주었다. 원체 마르신 체형이라 교수님 몸의 세배 가량은 품이 넓어 보였지만 차가운 지성을 대변하듯 한 치의 어색함이 없이 코트를 지배 하신 듯했다. 첫인상이 오래도록 지워지지 않아 나는 그 다음

해 학기때 교수님 강좌에 등록을 했다. 교수님이 흩날리고 가신 늦가을의 트렌치 코트 바람이 내가 그토록 염원했던 문학의 감성을 일깨웠다는 생각이 든다.

그 후 십여 년이 넘도록 그 트렌치코트를 낡도록 즐겨 입으셨다. 언젠가 캠퍼스에서 온갖 단풍들이 제 빛깔을 밝힐 때 한층 더 멋스러워 보이는 교수님과 매실차와 커피를 마시며 트렌치코트와 관련된 영화 얘기를 나눴다. 험프리보가트와 잉글리드 버그만을 만인의 연인으로 만든 카사블랑카의 성공 뒤에는 트렌치코트의 힘이 있었다고. 또 전쟁에 휘말린 런던이 배경이었던 영화 애수에서도 트렌치코트 한 벌이 영국장교였던 로버트 테일러를 세계 여성들의 영원한 우상으로 만들었다고 했다. 교수님은 학자이면서 로맨틱룩의 대명사인 트렌치코트를 어쩌면 그리 멋스럽게 장악을 하실 수 있느냐는 내 질문에 "나는 항상 학문이라는 여성과 연애에 빠져 있다" 고 해서 또 한 번 교수님의 유머에 친근감을 느끼곤 했다.

어느 날 그 멋스런 옷을 나도 입고 싶은 생각에 백화점으로 갔다. 다소 변형된 스타일이지만 초기 기본을 지킨 여성스러운 걸로 골라 입고 매장의 거울 앞에 섰다. 어색하고 부담이 느껴져 좀 더 럭셔리풍인 싱글로 입어도 보았으나 내 옷이 아니었다. 나 자신이 코트를 걸친 것이 아니라 코트가 나를 짓누르는 듯한 중압감에 불편하기까지 했다. 약간은 남성적인 이미지 때문일까, 무슨 이유인지 결국은 포기하고 헹거에 걸어 두고 돌아 온 적이 있었다. 누구나 어울리는 옷이 아니라 어떤 인격적인 칼라를 대신하는 상징물로 내게 부각 되었다.

교수님이 떠나신 지 삼 년이 지나고 있다. 다시 가을은 어김없이 돌아오겠지. 가을이면 사람들은 지치지도 않고 트렌치코트 차림으로 거리를 누빌 것이다. 그 속에서 따듯하고 때로는 엄격하시고 넉넉하셨던 교수님과의 많은 시간들이 촉촉한 추억의 뇌관을 살그머니 건드려 가슴으로 전해지리라.

나의 등단기

김 재 현

수화기 너머로 들리는 육성에 가슴이 뛰었다. 서 교수님께서 분당 자택에서 직장으로 친히 전화를 주셨다. 이름으로만 듣던 고명하신 분의 말씀을 직접 듣게 되어 영광스럽고 조금 흥분이 되기까지 했다. 말씀하시는 한마디가 소중하여 그날의 대화를 노트에 기록하며 통화했었다. 다시 뒤적여 보니 그날은 신록이 푸른 2006년 5월 15일이었고 통화시간이 29분이라고 쓰여 있다.

미리 보내드렸던 네 편의 습작을 읽어보셨다고 하셨다. 아직 수필이 무언지 모르는 것 같으며 글의 구성이 부족하다는 말씀에 얼굴이 화끈했다. 문장력이 있고 문학적인 분위기를 깔아낼 줄 안다는 말엔 용기백배하기도 했다. 처음에는 여러 글을 이것저것 쓰려고 하지 말고 자신이 쓴 몇 편을 가지고 계속 고쳐나가라는 말을 들었지만 그 의미를 나중에야 알았다. 무엇을 쓰려고 하는지 주제와 소재를 잘 배열해야 하며 글 중에서 어느 곳인가는 가장 꽃피우는 곳이 있어야 한다고 하셨다. 무엇보다 독자가 재미있어야 하며 재미있지 않으면 읽지 않는다고 강조 하였다. 당시에 기록해 두었던 내용을 다시 읽어보면서 지금도 그 크신 가르침 어느 하나도 성취한 바 없이 어둠 속에서 헤매는 것 같아 부끄럽다.

첫 전화지도를 받은 후로 2년 동안 습작 기간을 거쳐 드디어 2008년 문예비전 봄호를 통해 고 서정범 교수님의 추천을 받았다. 등단작은 〈우산 같이 쓰실래요〉, 〈빈 주머니〉란 두 작품이었는데, 바로 어제와 같은 그때의 일이 손을 꼽아보니 벌써 4년 전이다. 첫 작품에선 거리를 걷다 갑자기 비를 만났지만 낯선 여성의 우산아래 비를 피했던 일화에서 남을 배려하고 우산을 나눠쓰던 옛 시절의 향수를 그리워했다. 두 번째 작품은 라스베이거스 카지노에서 돈을 찾으려다 신용카드 사용이 정지된 것을 뒤늦게 알고 가슴이 덜컥했던 경험에서 물질이 없는 자신을 돌아본 이야기였다. 지금 보면 보잘것없을 글이겠지만 활자로 된 내 작품이 실린 문예지를 처음 받고서는 나도 모르게 감동되어 몇 번을 읽었다. 그때의 감흥이 새삼 되살아나 등단작에 대한 당시 서 교수님의 심사평을 다시 읽어본다. 짧은 내용이지만 제자의 장점을 찾아내 격려해 주시려는 따뜻한 마음이 와 닿는다.

'빈 주머니가 되니 인생이 깊어지는가 보다' 는 〈빈 주머니〉의 마무리 부분이다. 여행지에서 잠시 빈 주머니의 경험을 통해서 얻어진 삶의 예지라 하겠다.

'오늘같이 비가 오는 날은 파란 비닐우산 아래 넘실대던 싱그러운 낭만과 살폿한 인정이 아쉽고 그리워진다' 는 〈우산 같이 쓰실래요〉의 마무리다. 한 우산을 받고 가는 싱그러운 낭만과 인정을 체험한 정경을 형상화한 솜씨가 보인다.

수필의 묘미는 마무리에 있다고 하겠는데 두 작품은 묘미를 살렸다고 하겠다. 아울러 자기 나름대로 문장력을 지니고 있다는 것도 좋은 점이다.

앞으로는 좀 더 깊은 인생의 내면을 탐색한다면 수필의 무게를 더해 갈 것이다.

내 글 중에 〈붕대를 감은 손가락〉이란 글이 있다. 맞선 자리에 나온 아가씨가 손가락에 하얀 붕대를 감고나왔던 모습을 보고 완벽하기 보다는 빈틈이 있는 지금의 아내를 사랑하게 되었다는 내용이다. 처음 붙였던 제목은 〈연민〉이었으나 평범한 제목 대신 〈붕대를 감은 손가락〉으로 하는 편이 낫겠다고 스승님이 조언하셨다. 그 말씀을 따르고 보니 훨씬 작품이 돋보이는 것 같아 매우 흡족했고 지금도 애착이 가는 글이다.

지난날을 돌이켜보니 등단하기 전 습작 시절이 그립다. 부족한 글이라도 그때는 한 달에 서너 작품을 쓸 정도로 뜨거운 열정이 있었다. 해가 갈수록 초심을 잃고 세상살이에 바쁘다는 핑계로 글밭이 더욱 황폐해져 가는 것은 아닌지 반성한다. 마음속엔 더 좋은 글을 쓰고 싶은 욕망만 커졌지 막상 작품으로 열매맺는 일은 드물다. 이럴 때일수록 곁에 스승님이 계셨다면 이렇게 나태하지는 않았을지 모른다. 늘 예리하게 핵심을 짚어주시며 조언해 주시던 목소리가 귓가에 쟁쟁한데 이미 떠나고 안 계시니 의지할 곳이 없다. 더 오래 장수하셨다면 제자들은 그 문학의 그늘 아래 옹기종기 모여 수필을 읽고 쓰는 시간이 더할 나위 없이 즐겁기만 했을 것이다.

말년에 건강이 안 좋으실 때도 움직일 수 있는 그날까지 문학회가 주관하는 행사에 참석해 주시는 모습이 감동적이었다. 개인적으로는 짧은 기간 동안의 만남이었지만, 스승님과 나는 수필이라는 울타리안에 영원한 인연으로 남았다. 무지한 한 사람을 수필가로 다시 태어나게 인도해주신 은혜를 뭐라 감사드려야 할지 모른다. 부디 저 하늘에서 영면하시라 두 손 모아 마음속으로 기도드린다.

선생님을 그리며

이 경 란

처음 교수님을 뵌 곳은 경희대 근처 어원학회였다. 문을 열고 들어갔을 때 등을 진 채로 글을 쓰고 계셨다. 처음 뵙게 된 기쁨에 큰 소리로 90도로 인사를 했다. 돌아보신 후 쓰고 있던 종이에 얼른 고개를 돌리시며 온 정신을 거기에 쏟고 있었다. 그 모습에서 가뜩이나 긴장했는데 더 긴장되었다. 무얼 그리 열심히 하시는지 보았더니 쓴 글을 다듬고 계셨다. 당연히 컴퓨터로 글을 쓰실 줄 알았는데 자필로 쓴 글을 지우고 덧붙여서 깨알 같은 글씨가 종이에 빽빽하다. 그 당시 컴퓨터를 잘 다루지 못해 종이에 쓰고 덧붙이고 지우며 글을 쓰던 나에게 친근하게 다가왔다.

그때부터 선생님과 전화로 수업을 받기 시작했다. 글을 쓴 것을 이메일로 보내고 그걸 읽으시고 평하는 방식이었다. 연세가 높으신데도 불구하고 어디서 그런 힘이 나는지 목소리가 까랑까랑하셔서 수화기를 잡은 손이 땀에 배곤 했다. 어느 날은 글을 평하시다가 글자가 틀렸다고 지적하셔서 사전을 보고 쓴 것이라고 했더니 사전을 가져오겠다며 기다리게 했다. 다시 찾으려는 철저한 모습에서 오늘까지 이룬 업적이 그냥 된 것이 아니라는 것을 느낄 수 있었다. 결국, 그분의 말씀이 맞았다. 수업하실 때마다 보여주신 모습에서 토시며 띄어쓰기 하나라도 놓치지 않으려는 철저함을 느꼈다.

나중에 이야기를 들었는데 등단하기 전에 선배님들은 경희대 연구실까지 찾아가서 배웠다고 했다. 힘들게 계단을 올라 긴장하면서 연구실로 들어가면 글을 훑어보시고는 "다시" 하고 말씀하셨다고 한다. 꼼꼼하고 엄격하게 보아 주셔서 열 몇 번 고쳤네, 스물 몇 번 고쳤네 하는 말을 자랑처럼 말하곤 했다. 때론 눈물이 나기도 했고 그만두고 싶기도 했다는 말에서 당시 얼마나 힘들었을지 짐작이 간다. 나도 전화로 수업을 받으면서 수없이 고쳤다. 그만두고 싶을 때도 많았고 전화기에서 흘러나오는 목소리가 두렵기도 했다. 얼마나 신경이 쓰였던지 설사병이 난 적도 있고 자나 깨나 글 때문에 스트레스가 무척 많았다. 하지만 나의 등단을 이끌어 주신 선생님의 정성과 열정에 지금도 감사드린다. 가끔 이경란 씨는 수필을 몰라 하고 말씀하시고 글에 딱 맞는 낱말을 못 찾는다고 말씀하셨던 것이 기억난다. 황무지에 수필이라는 씨앗을 심어 주시기가 어려웠다는 것을 알 수 있는 말씀이었다.

공부를 철저하게 가르친 덕분에 수필을 사랑하는 사람들과 더불어 벌써 일곱 해를 미리내 수필문학회에 머무르는 기쁨을 얻었다. 거기다 남편까지 선생님 지도로 등단하고 나니 우리 집에 큰 행운을 선물해 주신 것이다. 부부가 함께 한 달에 한 번 문학회 모임에 가져갈 작품을 준비할 때면 서로의 글에 대해 평해 주며 문학을 이야기하는 즐거움이 있다. 소박하고 풍성한 삶이고 행복이다. 밖에 나가서도 선생님을 통해 등단했다는 것이 자랑스럽고 돌아가셨어도 어디서든지 나에게 긍지를 갖게 해 주신다.

등단 후 감사의 뜻으로 과일을 들고 지인과 선생님 댁을 찾은 적이 있다. 집에는 선생님 외에 아무도 없었다. 창문 밖으로 커다란 나무가 보이는 집안의 서재에는 온통 책으로 가득 차 있었고 실내는 소박하였다. 사모님이 돌아가신 후로 가사 도우미가 와서 돕는다고 했다. 넓고 세련된 집일 거라 생각하고 갔는데 그렇지가 않았지만, 오히려 안도감과 편안함을 느꼈다. 그 후로 삼 년 정도를 갈수록 조금씩 쇠약해져 가는 모습을 가까이에서 뵈었다.

선생님은 고향 근처 공원묘지에 모셔져 있다. 사는 게 뭐 그리 바쁜지 한동안 잊고 살았다. 지금 글을 쓰면서 선생님 생각이나 그리움에 울컥해진다.

서정범 교수님 전상서

김 순 겸

안녕하세요? 교수님!

갔다 오겠다는 말씀 한마디 남기시지 않으시고 손 한 번도 흔들어 주시지 않으시고 떠나신 지 삼 주년! 다시는 볼 수 없는 먼 길을 가시면서 짧았던 인연, 인정들을 두고 떠나버린 저승이라는 곳! 교수님이 항상 저희들에게 일러주시던 상상의 저승길은 긴 터널, 깊은 강, 안개 속을 거치고 가셨습니까?

삼도(三道)의 강을 건너던 얘기를 교수님의 칼칼한 음성으로 듣고 싶고 소년같은 미소로 생생한 얘기를 실감나게 해주실 것 같은데… 이렇게 그리움 담고 허전한 마음으로 편지를 띄웁니다.

며칠 전 경희대 한국어원학회 앞을 버스를 타고 지나가다가 추억을 떠올렸었어요. 그립던 그 풍경, 함께하던 그 시간들 다시 우리는 볼 수가 없는 건가요?

구겨진 헐렁한 잠바, 큰따님에게 받으셨다던 빨간 베레모를 쓰고 경희대의 무성한 나무 사이로 손 흔드시며 걸어오시는 모습을 떠올립니다. 호주머니는 항상 빈 지갑이셨는데 저승길 노자돈은 챙겨 가셨는지요. 두고 떠날 때 유난히 마음 아팠던 인연은 누구셨어요?

할아버지! 하고 울던 그토록 예뻐하던 손녀 손주들을 어떻게 두고 떠나셨어요. 사랑하는 아이들을 위해 기도하고 계시겠죠. 그곳에서 여기 모습들은 보고 계신다면 어떤 말씀을 하시고 싶으실까요?

주인을 잃은 〈미리내〉, 아버지를 잃은 사랑하는 자녀들, 상처나 눈물은 닦아 주세요. 아픔을 준 사람의 마음에는 사랑을 주시고 잘못을 뉘우치는 마음도 느끼게 해 주세요. 용서하게도 하시며 빌 수 있는 마음을 주시고, 구름처럼 먼지처럼 바람처럼 왔다가는 인생인 것을 알게 하시고, 인연의 소중함을 알고 사랑의 소중함을 느끼게 해 주세요. 뜨겁고 저린 눈물로, 바른 마음으로 돌아올 수 있는 후회의 눈물로, 죽음을 무관하게 바라보며 세상의 욕심 앞에 눈이 어두워 무례한 이들에게 죽은 자의 대답을 알게 해 주세요

허탈, 허망, 고독! 이 모든 단어로도 작별을 설명할 수 없습니다. 말씀해 주세요. 미처 하지 못했던 얘기들을. 흔들리고 오만하고 죽

음을 무서워하지 않고 방자한 이들에게 확실한 두려움도 주시겠지요. 마음과 마음이, 이승과 저승, 다시 볼 수 없다 라는 인정 보다 짧았던 인연을 소중하게 생각하게 해 주시고, 〈미리내〉 식구들, 사랑하는 가족들을 하나로 묶어지게 해 주세요.

제가 쓰는 이 편지는 주소가 없는 하늘나라에 띄워지리라 믿습니다. 사랑하는 교수님, 다음 만나는 날까지 잊지 마시고 잊혀지지 않기를 기도합니다. 사랑합니다. 사랑합니다.

필연(筆然)이라는

김 국 이

우연히 TV를 켜니 한 노교수님이 백두산에서 굴건제복 차림으로 고향에 두고 온 어머님을 애타게 부르며 흐느끼는 모습이 클로즈업 되었다. 노교수의 애절한 모습을 보며 이산가족과는 관계없지만 마음 한구석엔 분단의 아픔이 당사자들에게는 두고두고 가슴 저미는 일이겠다 싶었다. 그렇게 교수님을 화면으로 뵌 후 가끔 귀신 얘기나 토템에 관련된 방송프로에서 교수님의 모습을 뵐 수 있었을 뿐 개별적으로 뵐 기회는 없었다.

그러다가 모 사찰의 어머니 합창단 지휘를 맡으면서 경희대 평생교육원에서 지휘 강좌가 있다는 소식을 접하고 죽마고우인 고향 친구와 강좌 신청을 했다. 그러나 그 강좌는 인원 미달로 폐강이 되고 친구와 상의 끝에 재신청한 과목이 수필 강좌였다.

첫 수업은 대학교 본관에서 있었다. 교문을 들어서서 잘 정돈된 정원을 지나며 '이곳이 전국의 캠퍼스 중에서 손꼽을 정도로 아름다운 교정이라는데' 여기에서 수필을 배우며 쓸 수 있다는 것에 대한 두려움과 흥분감도 느끼며 본관까지 걸어가면서 수업은 어떻게 진행될까, 가까이서 뵙게 되는 교수님은 어떤 분이실까. 여러 생각들이 교차되면서 강의실에 도착하였다.

수업을 기다리던 중에 입장하시는 교수님은 TV 화면에서 뵈었던 모습보다 더 훤칠한 키에 조용하고 학술적인 논리로 말씀을 하시는 멋스러우며 진자주색 베레모가 잘 어울리는 교수님으로 느껴졌다. 그러나 한 번씩 안경 넘어 정면으로 눈빛이 마주칠 때면 쨍! 하는 날카로움이 포함되어 있는 눈매이셨다. 수업이 거듭되며 눈빛이 부딪치는 횟수가 늘어가면서 시선에 부담이 된다 싶은 어느 날 교수님께서는 수강생들의 이름을 한 사람씩 거론하시며 "모 수강생의 눈빛이 좋아!" 라고 하시면서 "사람을 볼 때는 그저 보는 듯 안 보는 듯 슬쩍 보는 것이 좋다"고 하신다.

그렇다 나는 한 사람을 볼 때나 어느 사물을 볼 때는 관찰하고자 하는 호기심이 발동하여 빤히 자세히 쳐다보는 습관이 많이 있다. 그래서 상대방이 무안해하고 당황하게 만드는 경우가 종종 있었고 그런 습관이 그 자리에 있어 그것을 봤다는 이유로 적이 되거나 오해를 받을 때가 있기도 했다. 그날 이후 보는 듯 안보는 듯 시선 감추기 연습을 많이 했지만 아직도 타고난 호기심은 완전히 없어지지는 않는다.

아무튼 그렇게 몇 년이 지나고 등단을 하고 경희 대학원 공부까지 이어지는 지도를 받았다. 대학원 과정을 공부할 때는 나는 현대문학이 전공이지만 교수님의 어원 찾기에 관련된 수업이 개설되면 빠지지 않고 신청하여 어원관련 학문에 대한 궁금증을 해소하고자 노력했다. 그러나 짧은 시일에 여러 가지 강좌를 수용하기는 쉬운 일이 아니었다. 아직도 안타까운 것은 언젠가 교수님께서 말씀하셨던 '〈홍길동전〉과 〈수호지〉에 얽힌 많은 얘기를 해 주마' 라고 하신 말씀이다. 한 시대에서 오래 살아 온 한사람이 이생을 하직함은 작게는 한 마을, 크게는 큰 도서관이 하나 없어지는 것과 같다고 하던 말이 생각난다. 그럴진대 교수님께서 80평생을 연구한 학문의 깊이는 짐작이 어렵다. 교수님이 떠나신 후에야 더 더욱 슬퍼지는 것은 좀 더 많은 시간을 할애하여 교수님의 고전 얘기를 듣지 못했다는 것에 대한 애통함이다.

항상 허겁지겁 바쁘기만 하고 내실 있는 실력은 쌓여지지 않아서 걱정하고 있는 나를 보시고 교수님께서는 "일을 몇 개 줄이고 당분간 공부에만 집중해, 여러 면에서 경험이 다양하게 많은데 그것 언제 풀어낼래? 글로 잘 풀어 낼 수만 있다면 많은 글을 쓸 수 있지!" 하시던 말씀이 귀에 쟁쟁하다.

어느 날 미리내 수필 수업을 마치고 교수님을 차로 교수회관까지 모시면서 논문에 관련된 문제를 교수님과 상의 했었다. "교수님께서 수필로 등단 시켜주셨으니 논문도 한 번 봐 주십시오." 라고 말씀드렸더니 "가지고 오면 봐 주지" 라고 약속을 해 주신다. 그 후 대학원 수업 과정을 마치고 모 대학원에서 개최되는 3년 과정의 한문 사서오경 원문(四書五經原書)공부와 타이밍이 곧 바로 이어지면서 그쪽으로 수업을 가느라 교수님과의 약속은 나 스스로 지키지 못했다.

교수님의 영면 소식을 문자로 받고 병원으로 달려가서 영정 사진을 뵙는데 주체할 수 없는 눈물이 와락 쏟아지면서 큰 통곡 소리와 함께 목이 메었다. 끄억거리며 한동안 소리를 줄이느라 무척 힘이 들었다. 워낙 눈물이 많은 내가 스승님과 제자와의 이별도 그렇지만 교수님이 간직하고 계신 그 많은 학문적인 얘깃거리를 더 들을 수 없다는 것에 대한 안타까움에 얼마나 슬프고 서럽던지…

교수님의 가족 분과 잠시 얘기를 나누고 나오니 김기용 교수님께서 "발인이 내일 몇 시입니다" 라고 하시는데 시간은 들리는 둥 마는 둥 눈물이 또 흐른다.

집으로 돌아오면서 '이제 교수님과의 약속은 이생에서 영원히 공수표가 되고 말았구나 생각하니 허탈감만 자꾸 들었다 비록 교수님께서는 이생에 계시지 않지만 불교에서 말하는 내생에도 계속된다는 인연법을 믿으며 다음 생에 뵐 때 교수님 덕분에 공부 잘 마쳤다고 내 놓을 수 있게 하리라고 마음으로 다짐하고 남은 대학원 공부도 마쳤다.

교수님께서 가신 지 3년이 되었지만 아직도 듣지 못한 교수님의 〈홍길동전〉과 〈수호지〉 얘기는 아쉬움으로 남아 있다.

미리내수필문학회 *11*집

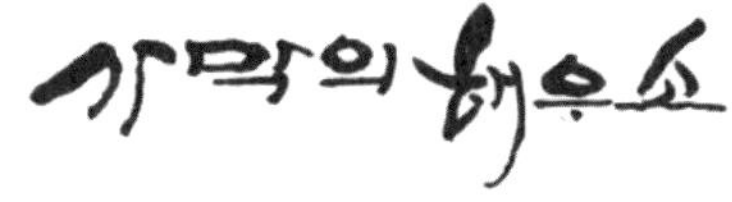

1판 1쇄 인쇄 / 2013년 2월 15일
1판 1쇄 발행 / 2013년 2월 20일

지은이 / 미리내수필문학회
펴낸이 / 김 주 안
펴낸곳 / 도서출판 진실한 사람들
주소 / 서울시 종로구 경운동 88 수운회관 713호
Tel. 02~730-3046~7
Fax. 02~730-3048
E-mail / munvi22@hanmail.net
등록번호 / 제300-2003-210호
ISBN / 978-89-91905-50-4